用心賞識自己，讓人生全面突圍

十倍放大

洪培芸——著

獻給啟發我創造力的陳賢篤老師（Charles Chen）

目錄

Action 2

十倍放大的開關

Action 3 認識自己的開關

Action 4

深度思考 & 打破問題表層的開關

Action 5 活在當下的開關

推薦序

活得更好，不是奇蹟，是行動的選擇

吳若權

在我主持的廣播節目《媒事來哈啦》中，培芸老師是一位讓我總能感到安心、放心、開心的固定來賓。

安心，是因為她總能以最嚴謹、又溫暖的專業，回應聽眾的生命困惑；放心，是因為她的真誠與坦率，讓我們的對談不需排練，每次對話都像心靈的握手；而開心，則是因為早睡早起的她，即便在傍晚間，都還是能帶著笑容與能量前來，彷彿她身上還留著一縷晨光，照耀著靈魂甦醒的窗。

我後來知道，她個性裡率直、開朗的能量，並非完全是天生的，其中有一部分是她曾走過人生低谷，歷經失落、掙扎、自我重整之後，從靈性中淬鍊而來的成熟。

有一次，我受邀為線上課程《當下的力量》錄製推薦影片，心裡第一個浮現對談的人選就是培芸老師。我知道她對「當下」的體會，不是心理師的紙上談兵，而是自己「如何活過一個又一個、不得不撐下去的當下」的真實經歷。她在影片中，分享自己與靈性學習的連結與覺醒，語氣溫柔、幽默而堅定，她真的修煉到「內在強大」的層次，把行動與覺知合一。

我很榮幸能搶先拜讀她的新書《十倍放大：用心賞識自己，讓人生全面突圍》，並為她推薦作序。閱讀書稿中，彷彿再一次與她進行一場深刻的心靈對話。

培芸老師很有創意地把她前半生經歷的精采故事，歸納成心理勵志的法則，與讀者分享如何在真實人生中，擁有自我改變的力量。

書中提出的「五個行動開關」：持續行動、認識自己、十倍放大、深度思考＆打破問題表層與活在當下，看似是五個階段，其實像是五道電流，互為迴路。最令我讚嘆的是，她將心理學的理論，轉化成具體、實用的行動策略。鼓勵讀者即便身處在風雨中，仍可以穩住腳步，繼續前行。

她在書中，寫到很多人在成長的過程中，習慣用錯誤的方式愛自己、證明自己、堅強自己，導致活得又累又孤單。她不指責這些過去的選擇，反而引導我們用行動來修正，用理解來轉化。

正如她在書末所寫的：「天命自帶天賦，天賦具有責任；用出世的精神，做入世的事業。」這句話不只是她對自己的期許，也可以成為我們每一個人，在混亂世界中活出自己的勉勵。

她從不把「變好」包裝成奇蹟，而是誠實地告訴你，每個人的人生都可以改善，只要你願意做那個開始行動的人。

誠如培芸老師所說：「持續行動的人，終將活出最好的自己。」這本書將陪你踏上有力量、有步驟、有溫度的成長之路。

而你，一定做得到。因為在你閱讀這本書的同時，就已經啟動行動的第一步！行動，未必可以立刻看到改變的成果，但一定可以讓你此後的每一刻，都能更加靠近渴望中的自己。願意行動，你就已經開始創造自己的奇蹟。

（本文作者爲作家／廣播主持／企業顧問）

推薦序

按下人生的SWITCH，一本關於「動詞」的玩家實戰攻略

楊斯棓

與培芸相識於某場演講，當天座無虛席，冷氣與聽眾的體溫拉鋸，持續屈居下風。我主講，她坐第一排，我從眼角餘光發現她很投入這場演講，這場演講的主題是：如何最大化個人影響力，地點在慕哲咖啡。

我腦中有個資料夾，專門存放那些「和而不群」的朋友們。他們與人為善而不盲從，在找尋自己正業之路上，他們擅長辨識那專屬的鼓聲，用穩健的步伐獨行，安然前進。

培芸「名列」這個資料夾裡。

幾年過去，當我拜讀這本熱騰騰的新書初稿，我才赫然發現，「和而不群」的底氣，正是透過書中反覆闡述的核心——「持續行動」，一步一腳印，從無數

次的質疑、徬徨、甚至看似失敗的境遇中，親手掙來。

這本書，與其說是勵志書，我倒認為它是一本人生玩家的「實戰攻略」，更是一部「角色升級實錄」。培芸沒有自陷於研究所主修的理論與框架，而是勇於多所嘗試。

書中讓我印象最深刻的，是她那股「先不管了，做了再說」的傻勁。當她收到台大的演講邀請時，內心不是沒有過恐懼與退縮的念頭，然而她的解方卻極其簡單：先答應，準備的時間自然會生出來。

這正是謝文憲（憲哥）所提倡的「人生準備四十％就衝了！」的實踐版。她甚至將其精煉為「只要一％就行動」的哲學，這與我的個人經驗亦相符。

十一年前，我曾接到一個來自美國加州的演講邀約，是美國八個同鄉會的聯合會年會，聽眾有五百人，我有足足一小時演講，當天僅我一位演講者。當時我沒有那麼豐富的海外大型演講經驗，但既然邀約都來了，邀約就是那「一％」，「一％」都出現了，後面就只剩下行動。

果不其然，那場演講幫我大大打開海外知名度，贏得十場以上的海外演講邀約。

這就像在遊戲中，與其停在原地不斷分析最佳路徑，不如就此一闖。

如果說，受邀到台大演講是跨出舒適圈的勇氣展現，那麼她申請台大EMBA的故事，更像是一場獎勵豐厚的「隱藏版任務」。

一個心理師，為何要去闖商學院的窄門？這背後驅動的，是對未知世界的好奇，是拒絕被單一專業所定義的渴望。更有趣的是，她為了推薦信，鼓起勇氣聯繫只在節目上有一面之緣的吳淡如女士，甚至在淡如姐的引薦下，踏入知名企業家孫正大總裁的豪宅。

這段經歷，就算最後申請未果，卻已賺到了一段千金難買的人生故事，更重要的是，她藉由這個「大行動」，驗證了自己擁有連結不同世界的能力與勇氣。

本書還有一個重要觀念：「十倍放大」。

我們常聽說要愛自己、要肯定自己。培芸直指核心：你以為的愛，根本不夠！她提出，你需要預先儲存十倍的肯定、十倍的愛、十倍的信任，才能在遭遇外界打擊時，有足夠的「額度」可以倒扣。

這概念好比查理．蒙格（Charlie Munger）強調的「安全邊際」（Margin of Safety），培芸的「十倍放大」，正是提醒我們為人生預留最關鍵的「心理安全邊際」。

培芸誠實地揭露自己的不堪與掙扎，例如買下大安區房子前，那深植於心的「不配得感」；又或者，在婚變後，如何從一夜僅能安睡兩小時的嚴重失眠中，一步步重生。

她，不是大衛．哥金斯，並非刀槍不入。她受過傷，傷疤有多駭人，心理韌性就有多強大。

這本書的五個開關——持續行動、認識自己、十倍放大、深度思考&打破問題表層與活在當下，彼此環環相扣，就像一副人生的 Joy-Con 控制器。

培芸在書中提到，她期許自己能「用出世的精神，做入世的事業」。這正是我在她身上看到的最佳寫照。她廣泛涉獵靈性、佛學，這是「出世」的修煉；但她轉過身，卻又一頭栽進商業、理財、投資的世界，這是「入世」的實踐。她沒有畫地自限，反而勇敢地將觸角旁伸。

請把這本書當成遊戲卡帶，插入你名為「人生」的主機，然後，按下START，就此一闖！

（本文作者爲《人生路引》、《要有一個人》作者）

推薦序

小小的行動，就能增加內心強度，強化心理肌肉

鍾穎

這是一本聚焦在「行動」與「模仿」的勵志之作。

有別於對負面情緒起因的強調，洪培芸心理師持續進化，她關懷的重點從Why變成了How。因為演化的緣故，大腦本就是一個會優先注意威脅的器官，當你發現自己深限於受害者情結中、被早期經驗與父母教養的影響力給過度恐嚇時，這本書會把你從內耗中解放出來。

如作者所言，你以為的愛自己，根本愛得不夠。所以我們才會輕易被影響，無法堅持對自己有利的行動。

神經生理學的研究告訴我們，掌管理性決策的前額葉皮質，與掌管情緒與創傷反應的杏仁核處於拮抗狀態。如果想脫離一事無成以及自怨自艾的負面循環，

可以從兩個方式下手：強化前額葉功能、降低杏仁核反應。

而這本書選擇的就是前者：行動！哪怕是小小的行動，都可以增加我們的內心強度，強化心理肌肉。

書中引用稻盛和夫的說法：「讓自己成為漩渦的中心。」我的理解是，把評價的權力留給自己（而非他人），把時間的優先使用權留給自己（為自己提前做至少半年以上的事業佈局），把注意力留給自己（練習冥想而非關注社群媒體）。

許多人之所以覺得時間不夠用、害怕嘗試新機會、不敢跨出舒適圈，很大一部分都跟沒把自己放在漩渦的中心有關。而要讓自己能夠持續行動，除了不斷的自我鼓勵與說服之外，模仿也是一個有用的方式。

我這裡所稱的「模仿」指的是學習。我們從書裡看見，作者對於跨圈學習具有高度的熱忱。講到這裡，或許會有讀者開始不安，覺得自己是個Ｉ人，性格高敏內向，跨圈學習這四個字一聽就好難。

但我可以告訴你，除了極少部分人，天生具有強大的好奇心與充分的安全感外，多數人之所以肯離開舒適圈，和新資訊帶來的焦慮共處，其實都是「被迫的」。

我們都是在親密關係受威脅、職場成就被侷限、人際關係被排擠的時候才被迫「背井離鄉」的。就像神話中的英雄一樣，他們是因為一場「錯誤」而離家，走入異界／冥府／黑森林展開冒險。這個錯誤通常涉及名譽的損失、朋友的背叛、或者各種社會意義下的失敗。

而森林中的女巫通常會贈送魔法道具給即將展開冒險的英雄，或為其指引應循的方向。女巫與贈與的禮物，就暗示著那些原本位於我們舒適圈之外，一直被我們視為離經叛道、割傻子韭菜、沒興趣了解的那些事物。投資理財、自我了解、宗教靈性、商管勵志類的知識都屬此類。

但不這麼做，人就無法展開此生的冒險。

透過對不同領域優秀人士的模仿，你會在無形中被其精神所感染，同時默默地為過時的人際圈換血。你會發現，生命一直處於變化之中，但我們卻把自己困在失去滋養的關係中。

僧侶請教石頭希遷禪師：「如何是解脫？」

禪師：「誰束縛了你？」
僧侶：「如何是淨土？」
禪師：「誰弄髒了你？」
僧侶：「如何是涅槃？」
禪師：「是誰把生死的觀念給你？」

毫無疑問，答案都是我們自己。

充滿行動力的人生並不是失控的正向人生，而是專注於當下，矢志於修行的人生。尤其在這個人人都能透過社群媒體評價你，人人都被短影音瓜分注意力的時代，人的心理強度反而越來越低，即便有各種自我提升的機會，也只能看著它在眼前離去。

從微小的行動開始，讓它隨著時間展開複利。除了自己之外，我們的世界沒有別人。洪培芸心理師在書裡大量的自我揭露，你會發現升級自己從來不是簡單的事，她以自己為例向讀者示範：人人都要經受考驗，沒有什麼是理所當然的。

開始行動，親近並模仿那些你尊敬的人。你會發現改變像被推倒的骨牌一樣開始放大，慢慢地，你穿越了幽暗的森林，豁然開朗。

（本文作者爲心理學作家／愛智者書窩版主）

推薦序

持續行動，累積每個當下成就的幸福

郝旭烈

常常會有朋友問我，當心情焦慮、煩悶，甚至是面臨人生低潮的時候，該做些什麼？我說，不管想要做些什麼，就去做些什麼都好。就像培芸老師在書裡所提醒我們，「行動」起來。

「持續行動」，把最寶貴的注意力，放在每一個「專注當下」。然後就會感受到，難以想像「持續行動」之後的力量，以及因為「專注當下」把負面情緒放在身後的前進動力。

這就讓我想到，在新冠疫情前，有一段時間自己負責的投資案子，碰到了很大的瓶頸，心情一度非常的低落。和朋友聊起自己感受的時候，朋友就建議我，要不要試著拿起畫筆，讓畫畫轉移注意力。

「畫畫？」當時聽到朋友的建議，我立刻就拒絕了。畢竟從小到大，有太多次的經驗，讓自己覺得畫畫不是我的天賦，尤其是要臨摹或寫實的繪畫。

「不需要你畫得很像啦，有一種畫畫風格叫禪繞畫。就是用簡單的圖案，持續不斷地重複，讓你可以專注當下，把所有的注意力放在行動裡面。就這樣簡單的事情重複做，你就會感受到簡單重複累積起來之後，一整張畫紙，那種『數大就是美』的感動。」朋友一字一句的說完之後，讓我有點心動。

「反正你就試一下、畫一下，只要有了行動，就有了作品。不管好不好，喜不喜歡，你又沒有任何損失，對吧？」朋友又推了一把，讓我更加心動。

就這樣，我從網站上找到學習的影片，一枝筆、一張紙，就開始了好幾年，和禪繞畫的不解之緣。

關鍵是當我「行動」的那一剎那，我原來的焦慮和心情低落並沒有消失。只是把注意力完全放在「當下」畫畫的時候，這些負面的情緒就被「挪開」了。而我從眼前一點一滴簡單地重複，竟然看到了自己不斷前進、不斷累積，在沒有想太多的情況之下，也能成就美好動人的一幅圖畫。更重要的是，在多年之後，原來只不過是療癒自己心情的畫作產出，竟然，成為自己三本著作的封面輸出。

心動，不如開始行動，行動，帶來更多行動。

誠摯推薦這本好書，讓培芸老師專業又溫暖貼心地帶著我們，開始「持續行動」然後「專注當下」，累積人生當中，分分秒秒不虛此行的幸福。

（本文作者爲郝聲音 Podcast 主持人）

推薦序

環環相扣，全然展現天賦潛能

陳賢篤（Charles Chen）

這不只是一本激勵人心的好書，更是一本朝向豐盛人生的實用創造指南。書中提到五個關鍵，看似在討論不同的主題；奇妙的卻是五個主題互相補充、環環相扣，直指個人潛能的全然展現。

以持續行動認識自己，融合「已知」與「未知」的自己

每個人天生都是宇宙間獨一無二的傑作，具有與眾不同的天賦，由於天賦具有精緻配置的個別性，在還沒有發展之前，未必能符合世俗的價值及標準，必須透過持續行動才能活化。既然稱為天賦，就與老天有關，是老天的安排，屬於靈

性層面的本然；所以每個人的特性有自發推動的力量，並不具有人為的普世皆同性，因此既是禮物，卻也是存在的基本責任。

所以，跟隨天賦的自發行動，並堅持「持續」行動，最容易有效地取得成就、達成目標，形塑原本的身份感。而靈性與心理的身份感，正是依賴著創造性的改變。

然而，擔心總是會增加壓力，造成行動的阻礙，只要阻礙能夠減少，創造力就會出現。如果能勇敢地依照天賦與能力，沒有揀擇地採取行動，就會在表達之後產生必然的喜悅和快樂。就好比原本堵住的水流暢通了，水流自然就會充沛並生機盎然；暢通的行動必然帶來能量和意識，感知事件的能力會大幅擴大，並且和靈感層面的連結暢通無止。事實上，天賦本身是一種感知的工具，創造來自靈感，靈感的層面沒有真正的界線。個人的感知行動按照關聯的組合，彼此「自由」地相隨。因此如本書上所述，透過不斷持續的行動就會形成以個人才能為中心的漩渦，開始匯集並關聯所有吸引到周圍的人事物，成為創造性的材料，使個人的潛能發揮到淋漓盡致。

創造和擴張皆為定律，使用你所擁有的能力，你就會達到屬於你自己的高水準表現。透過你所擁有的能力來採取行動，你會變得更像你自己，成為本來就是的你。

十倍放大的開關，堅持做最該做的事，主動追求夢想，去過眞心想過的生活

花朵不用去擔心如何開出美麗的花。所有的人生經歷，都可以當做是創造性的素材。作者現身說法，不論遭遇什麼困境，不必替自己覺得悲苦，保持心理的穩定就有轉機，對生命保持絕對的信心，你才能全然地、持續地行動，尤其是華人傳統上比較喜歡明哲保身，少做少錯，或把一個錯誤，擴大成未來幾十種可能發生的災情而固步自封。作者以「千里之行始於足下」的觀念揭示，只要行動不受到阻礙，任何困難終將迎刃而解。

每個人天生之所以會被賦予某些不同的能力，之所以會遇到某些困難就是

為了要讓你發揮天賦、運用創意來解決難題。就以植物為例，千年紅木會自生防火石棉層，落葉松的樹根能夠劈破一噸半重的大岩石，並且朝空中高舉一呎。一八七五年美國麻塞諸塞州的農人想要知道成長中的櫛瓜（Zucchini）可以承受多大的壓力，用秤重壓裝置加法碼居然到了五千磅，為了這個難以置信的結果，有公開展覽邀數千名的觀眾見證，並且列入麻州農業局年度報告。柔嫩蔬果的表現，真是令人肅然起敬（請參考〈The great American forest〉偉大的美國森林，Rutherford Platt 著）不只如此，小磨菇也可以把厚地板碎裂，冬黑麥四個月內在一立方吋內長一百四十億根毛且有六千哩長。

天賦才能是上天神授，總是在理所當然之下，順理成章達成。作者以十倍放大做為一個聯合靈感下的神奇，絕不誇張。別以自我限制去度量，如果在絕對的信心下，千倍乃至萬倍都有可能。

深入思考，打破問題表層，全神貫注、全力以赴

由於信念產生出的限制和圍場，我們都只看到了自己願意看到的東西。把我們看到的東西作為結果或原因是不明智的。任何問題都由可能性組成，並且具有一體糾纏的相關性，不要只在是與非中選擇，而是匯集所有可能性作為創造性的材料，組合成有效的方案。

全神貫注、全力以赴於深入思考，就會打破問題表層，要改變的是我們自己的觀察點，只要你的心智忘了你的問題，它就消失了。

當下就是威力之點

千古以來佛陀十二因緣的教導，就是行動學，緣於對未知的探索，於是採取

行動，行動會匯集意識，意識自然包含能量，而產生具有形體和精神的名色，於是有了六種感官知覺去接觸能觸發經驗的外境，環境既然是回應感知的需要，自然只適宜當前的行動，把心思焦點定在當下才是合宜的決策，因為行動會形塑本體，行動會帶來更多的行動，本體改變並且環境和行動會不斷在變化，所以達成個人價值必須在當下持續以行動回應，當下的確就是威力之點。

（本文作者爲美國新時代基金會創辦人）

前言

十倍放大，持續行動，打破人生的困局

每個人的人生都有或大或小的困局，甚至是層出不窮、彷彿沒完沒了的逆境。從學生時代的課業壓力、原生家庭的溝通難題，讓你時不時想要家庭革命；談戀愛、進入婚姻所謂的親密關係，也會有相處的摩擦、難以解決的問題，甚至有人在後來遭遇背叛而深陷痛苦；當然還有求職、工作中的各種不順心，到底是要離職還是再努力試試的兩難困境……讓許多人都有「人生好難」、「來人間就是要來受苦」的喟嘆。對生活總是提不起勁，對生命失去熱情。

或許有些不甘心、內心也很上進的你，往往也想為自己做些事，比如透過閱讀書籍、聽講座或找好友聊聊來幫助自己，可是似乎成效不彰，讓你更困頓甚至還懷疑自己，莫非這就是自己的命？似乎你只能認命，而且還是不太好的命，讓你更消沉也更無力。

你有想過，深沉的無力也是一種契機？

十六年來的心理師工作經驗，我發現一個人能不能跨越來自原生家庭、親密關係、工作職場、人生迷惘各種困境，進一步終結今生的苦難，取決於當事者的內心強度。而這是可以練習的。

內心強度是一種韌性，內心強度夠的人有勇氣去拒絕不合理的要求，離開不再適合自己的人，能夠去面對多數人傾向逃避的課題。他願意跟隨自己內心的渴望去活，去實現自己由衷的夢想，活出更大的生命格局。

內心的強度又是從何而來的呢？就我的工作經驗、觀察與實踐，內心的強度可以透過「行動」不斷增長，並且越行動，越能提升內心的強度。

換言之，**不只是行動，而是持續行動**。

行動的起點是，只要有一點點的改變，你都要給自己最大讚賞！行動的一根柴火，只要慢慢學會連動與相互促進的訣竅，你就有機會抓住改寫生命的契機。

提升內心強度、打破人生困局的五個關鍵

下頁圖中的五個關鍵能相互增益。虛線的箭頭代表打破問題表層的思考，能幫助你認識自己；認識自己，就知道該去十倍放大的是哪些項目；認識自己，就更能活在當下、把握當下去發揮天賦；活在當下，就不再懊悔過去、擔憂未來，而是會看到眼前可以感恩的微小事物，放人內在的感恩力量。

實線的箭頭，則是提醒你要導向行動。認識自己、十倍放大、活在當下、打破問題表層之後，不是停在這裡就好，而是要付諸行動。好比當你越認識自己，會更清楚自己的行動方向，不再像過去迷惘；你知道做哪些事能提升自己內心的強度，哪些不會，就開始朝著能提升內心強度的事開始做、加減做，到最後自然而然就會做，成了你的新習慣。

這五個關鍵會帶給你成長及突破的動能，透過持續不斷地行動，對人生產生更長遠、更寬廣的全面效果。

打開行動效益循環的五個開關

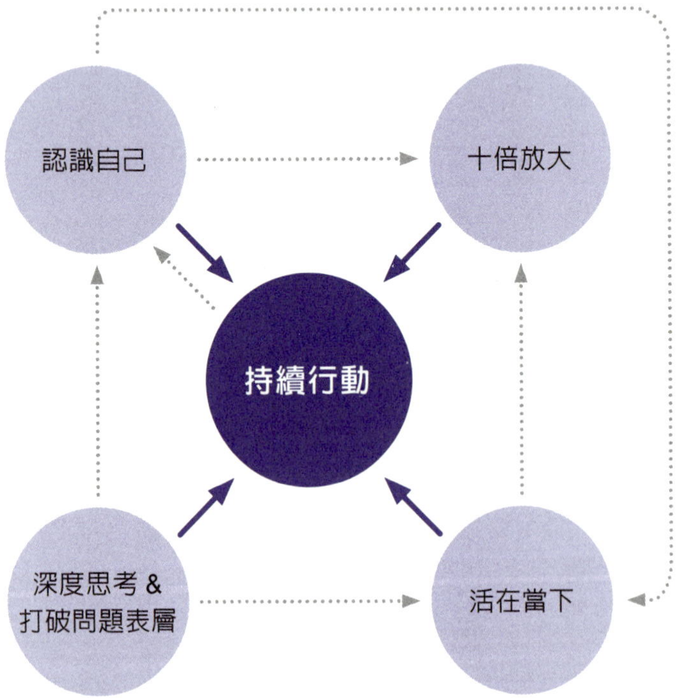

十倍放大：先存夠被倒扣的底氣

對於絕大多數的人來說，「十倍放大」可能是一個少見，甚至是罕見到石破天驚的觀念。這幾年我帶領成長團體、接受 Podcast 專訪時，但凡提到這個觀念都讓現場的人眼睛為之一亮，頻頻點頭，一副恍然大悟的樣子。

好比我們都聽過要愛自己、要相信自己、要善待自己、要珍惜自己……可是為什麼家人簡短的一句話就讓你萬箭穿心？原本躊躇滿志想去做的事，因為父母反對就打退堂鼓、想要放棄。為什麼渣男的三兩句訊息就讓你輕易淪陷，原本對自己說好的不再連絡立刻潰堤，趕緊拿起手機回覆他的訊息。

答案其實簡單到你無法置信。那就是，**你以為的愛自己，根本愛得不夠，你以為的相信自己，其實是半信半疑，正好相互抵銷為零**；你以為有善待自己，可能還比較接近虐待；你以為已經做到了珍惜自己，殊不知才上了薄薄的一層「珍惜自己牌」塗料，午後一陣小雨就沖刷掉了。簡言之，份量太少。**你需要有意識地提醒自己至少十倍的放大，預先存夠對自己的肯定、對自己的愛、對自己的信**

任、感恩的心、好奇心、遇事沉著……這些內在元素，才會在遇到任何可預期或出乎預料的外在事件時，像是親近的人反對你、遇到刺激和誘惑，你的內心強度還有足夠的額度來倒扣，行動力因此不減弱。能有所堅持，不做不該做的；能不被阻礙，持續行動，做最該做的，主動追求夢想，去過真心想過的生活。

認識自己：今生最值得的投資

許多人都聽過要認識自己。但是要認識自己的什麼呢？當然不是飲食及生活上的偏好，吃鹹酥雞一定要加九層塔、睡覺需要開小燈這類的東西，而是要去認識你自己的天賦、性格特質與能量運作模式。當你更加認識自己，就更清楚行動的方向與標的，知道要把時間與能量集中在你的天賦上，因為那會讓你相對容易，也更快地品嘗到甜美的成果，而且在進行的過程中樂此不疲；同時，你也能更有效地儲備能量，化為行動力，不再莫名其妙地能量低弱或陷入內耗，可以將能量用在創造、對自己的未來發展長遠有益的事。

認識自己不是一朝一夕的事，需要付出相當的時間和心力，一步一步地嘗試，一點一滴的累積，無法由他人代勞，然而卻是你今生最值得的投資。許多人想到投資，都是金錢上的投資，而不是對於自己內心強度、知見與智慧的投資。好比如果你有足夠的自知之明，知道自己的情緒容易隨著股市震盪起伏，就會有意識地少看新聞，知道該買什麼標的才能睡得著、睡得好。也因為你更加認識自己，會更清楚地活在當下，把追新聞、追時事、追八卦的時間用來提升自己，持續打磨自己的天賦，讓天賦越磨越亮。

深度思考&打破問題表層：讓思維質變而通透

我們的思考模式不只有慣性，也常停留在最表層的單線因果模式，不去思考底層有著錯綜複雜的關係，因為這樣的思考格外省力，你很快就有一個「答案」，然而卻永遠有解釋不了的例外。當你開始學著打破問題表層的思考，就能深入問題的本質。打破問題表層，就好比這幾年興起的一個觀念，「選擇比努力重要」。確實，選擇錯誤，努力白費；然而選擇之後不努力或者是不夠努力，一乘以零依舊是零，一乘以一頂多是一，不會變成一億甚至是無限大。

曾經讓指揮佩服到「下跪」，以表達崇敬之意的中國天才鋼琴家王羽佳出神入化的琴技，想必不是三天打漁、兩天曬網地學琴就能達到，而是投入無數心力與時間拚命練琴，厚積薄發的成果。她曾經在演出過程中，彈到指甲都裂開了，仍舊忍著椎心刺骨的痛楚繼續彈。

小時候學過樂器、展現出音樂天賦，甚至還走上音樂這條路的人應該不少，然而能成為王羽佳的人又有多少呢？這就是我所謂的例外，選擇比努力重要的例外，而且這例外還常見得不得了。我們不一定要成為舉世聞名的人，而是打破問題表層的思考，能幫助你看見努力和選擇同等重要，努力是有價值的。

打破問題表層，你的思維就會開始質變，想法越來越通透，你知道**個人會被過去所影響，但不會被過去所決定；你會明白當下就是力量，當下的行動就能扭轉命運，帶來未來的奇蹟**。

活在當下：專注在能帶來長遠效益的事

我們所能把握的，只有自己的每一個當下，不是別人的當下。而當下就是力量，那麼當下要做的事，就是專注在能帶來長遠效益的事，揚棄無效甚至有害的事。比如，當你開始寫作，想要出書，當下要務就是專注地完成至少一篇文章。對，一篇就好。活在當下並沒有要你時時刻刻上緊發條，適度休息和娛樂是必要的，也是重要的，那是給自己努力後的犒賞。

把握當下的你不再反覆去想男友或女友講的那句話是什麼意思、媽媽又在抱怨爸爸；即使心思又飄走了，也能很快地把注意力拉回來。我們總是不自覺地心隨境轉，先不說這些事情你能否處理得來，光是這些分心就吞噬掉大半的能量，然後什麼事也沒做，或者該做的事沒做完、沒做好，日後懊惱又自責，內心的強度也一再削弱。

越是能夠活在當下，注意力焦點就能從不甘、如果移開，因為不甘與如果都涉及不去行動的空想，也是空轉的狀態。你會盡可能把握當下能做的，在當下去放大那些對自己有益的內在元素，進而提升行動的能量。

如果你現在身心俱疲、蠟燭多頭燒而動力不足也沒關係，只要先按下一個開關就可以，從最有興趣、最容易入手的開始。有興趣的事，往往感覺比較不費力；容易入門的事，比較能累積繼續破關的信心。這裡的**關鍵重點只有一個，不要讓自己動不了，只要行動起來，你就超棒了**。

別人看到現在的我有勇氣嘗試與挑戰很多事，行動力很強，然而那是後來的我，早年的我完全不是這樣。希望透過本書的結構、系統與說明，實現你內心強度的提升，持續付諸建設性的行動，你一定可以打破人生的困局。假以時日，也活出你的最好可能。

祝福你，生命益發美好、喜悅、豐盛與踏實。

Action 1

持續行動的開關

行動，會帶來更多行動，
引發接下來更多的行動與成果，
持續顯化成你的最終成就。

1-1

持續行動，讓自己成爲漩渦的中心

這幾年我的生命一再蛻變，用轉變來形容不夠，用進步也不足以形容，而是進化更加貼切。三十二歲以前的我，是1.0的版本；後來幾乎每兩年又會升級一次，如今算是4.0的版本。進化的不是外表，而是內心強度的提升；內心強度提升的關鍵，來自持續行動效應的加乘。

我敬仰的日本經營之神稻盛和夫曾說：「讓自己成為漩渦的中心。」如果是十年前的我，肯定對這段話無感，不會像現在有深刻的體認及共鳴。無感的原因其實是因為不懂，還有生命經驗太淺薄。有很多金句、名言往往都是要等到你的生命累積到足夠的經驗，從量變到質變，方能有所理解。

時光倒轉回二十一年前，我從元智大學社會學系（現已更名為「社會暨政策科學學系」）跨考進中原大學心理學研究所臨床組後，回到母校拜訪老師。當時的系主任謝登旺教授看到我回校很高興，對我說：「能考進心理所相當不容易。」因為當年的心理所臨床組錄取率極低，加上我非本科系，老師對我很肯定，隨後也聊起系上的事。認真說來，其實我是社會系的叛徒，因為二十五年前申請大學進入面試時，我信誓旦旦、半開玩笑地說過要幹掉系主任，這般的雄心壯志！沒想到四年後就轉換領域。

因為即將升上大四的我跟許多年輕學子一樣，都對未來感到徬徨，也面臨是否要「因為了解而分開」的難題。無論成績好壞，大學讀了四年，說長不長、說短不短的四年，這時要改弦易轍不是很可惜嗎？可是我已經知道就業方向並非我的熱情，我必須傾聽內心深處的聲音，付諸改變的行動，即使轉換跑道並不輕鬆，甚至還頗有難度。不管了，先認真準備心理所考試再說，能不能考上至少要考了才知道。不是嗎？

先不要管這件事情難不難，只要問你自己到底「想不想」。說出來不怕大家笑，當時的我並沒有這個領悟，只是卯起來備戰讀書。大四上學期除了必要的修課，其他時間就是從內壢搭電車去台北南陽街一帶補習，回到內壢租屋處之後就關在房間裡讀書、整理筆記、練習考古題，極少跟室友出去吃飯、閒聊及玩耍。這段期間我也曾壓力大到作惡夢，擔心這次沒有考上就得重考，而重考就可能要搬回高雄老家跟爸媽同住，面對他們的高壓統治，再也不復天高皇帝遠的自由好日子。簡言之，沒有一舉考上的後果很可怕，我會失去自由。無論如何，當時想要改變未來的工作領域，我就付諸行動去嘗試了，沒有花太長的時間猶豫，更遑論在意別人的眼光。

哪怕只是換科系、換專業，驀然回首，都是帶來無限收穫的行動。它也呼應我的觀察及感慨，許多人會有我讀了這個科系，就應該做相關的工作，然後做一輩子的迷思；或者考上公務員了，明明感到很痛苦、不適合，依舊在公家體系內輪轉，感到受困。就像我越來越了解自己不喜歡體制，熱愛自由，更清醒的此刻，自然不會想再跳入任何一個火坑。

行動一點都不難，試，就對了；做，就對了。**別人無法將智慧給你，你需要親自參與，也就是化為行動**。好比我也是透過持續嘗試、大量行動，年過四十歲的現在回頭看，才領悟到這些人生要義，竟然跟我走過的每一步相互呼應。

讓身邊的人被你的積極感染，進而形塑正向循環

每個人生階段，我都有感到高度熱情的項目，有些是專業上的學習，有些是閒暇時的興趣，例如旅行。近二十年前，廉價航空的旅行方式剛開始在台灣盛行，我不只搭上這一波，也成為朋友之間自助旅行的先驅。從機票到住宿，從各地美景到美食，無論日本一二線城市、美國紐約、法國巴黎、奧地利維也納及薩爾斯堡、泰國曼谷和清邁、新加坡、韓國首爾……都親自深入研究、出發前認真做功課。由於我回國後聊起國外旅行時，格外神采飛揚，不少朋友及同事都被我感染了，也陸續開啟他們的國外自助旅行。

有些朋友對於我的記憶力相當驚豔，很驚訝我怎麼能記住多年前旅行的諸多細節，原因說來很簡單，因為這些都是我用心蒐集的資料，不假他人之手。有時不免好笑地想，沒有以旅行、美食作家的身分出道還真可惜！

從漩渦的邊緣到中心，你會更有動力

如果你能了悟「他律帶來自律」的道理，想必也能洞察成為漩渦中心的好處及意義。簡言之，你身邊的人能夠幫助你，透過他們的回饋，提升你內心的強度。**當你成為漩渦的中心，被你的積極感染、被你正向影響的人也會回過頭來肯定你、感謝你；讓你更加喜悅、更有動力，回流來增益你自己**。所以，「主動」、「積極」這四個字的威力著實被嚴重低估了。

延伸出來的重要問題是，如果你總是感到被動、消極，不一定是你本身的問題，很可能是這個項目並不適合你，抑或是環境、體制束縛你，讓你無法自由地呼吸，大大限制了你的行動力及創造力。

跨出去，就能遇到志同道合的朋友

同頻相吸，不同頻，持續脫隊和遠離。自從我出書，持續跨出去後，身邊的朋友一再洗牌，已經洗過不知道多少輪。這幾年結緣的好友之一，也是《所有的表面，都是功夫》作者袁上雯醫師，邀請我參加今年新加坡國立大學（NUS）中文EMBA的校友會活動，要一起組隊報名101公益垂直馬拉松。收到上雯的邀請時，老實說我猶豫了一下，首先我不是校友，再加上運動弱雞的我深怕自己成了拖油瓶，丟了人家新國大中文EMBA的臉，害他們墊底。然而這個挑戰性活動我覺得很有趣，而且一個人去爬101也沒什麼動力，有人互相激勵，戰鬥力一整個就來了！

時間來到二〇二五年五月三日101登高挑戰當天，我爬到一十樓時已經氣喘吁吁到幾乎無法說話，汗流浹背、頭暈眼花到讓我數度懷疑自己能完成嗎？我辦得到嗎？可是我依舊埋首攀爬，持續前進。幫助我堅持下去，再累、再狼狽也要爬完的信念只有一個：完賽才好意思發文與打卡！想來也是好笑與幼稚。無論如何，完成101垂直馬拉松成了可以說一輩子的精采小故事。

不同頻的人，不一定是你主動遠離，而是不知不覺中，這些人會逐漸脫隊，這是我長年觀察到的關係奧秘。慢慢地，你們再也八竿子打不著。然而頻率接近的人，甚至是在未來同頻的人，會不知怎地，開始有人幫你介紹、幫你們牽線，拉著你去認識，毫不費力地就接觸到你這輩子想都沒想過的圈子。即便是從小到大玩在一起的朋友，也可能在往後，慢慢地減少聯繫，因為你們不再是同一個世界的人，你們有各自的道路與使命。所以，且行且珍惜。

持續行動，重點不是只有持續。**能夠提升內心強度、帶來人生蛻變的行動，都有創新、不重複的性質**；能夠點燃你的熱情，是你真心渴望去做、縱使廢寢忘食也沒關係的事。持續行動，不只能夠幫助鍛造你的內心，假以時日，你會成為漩渦的中心，激起更多不可思議、深具意義的漣漪。

1-2

與其說我充滿自信，倒不如說，我找不到理由對自己毫無信心

二〇一九年，也是我出書的第一年，竟然受到台灣大學的演講邀請，談〈人際剝削〉的主題，也就是我的新書。讓我大為震驚、不敢置信的是才出書第一年，根本還沒什麼人認識我，完完全全的素人一枚，竟然就收到了台灣第一學府的邀請。更何況，台灣大學可是我當年根本考不上的學校！

我從email信箱收到台大的邀請信時又驚又喜。等到情緒沉澱、思緒消化後，立刻打電話給我的父親，跟他分享這件有夠神奇的事。父親在電話裡只是靜靜地聽著，不像以往的第一時間，總是劈頭先問這個工作能賺多少錢，可能還語帶質疑與輕蔑，讓我的內心受傷，下意識更想要關上心門。所以我立刻就明白他當下也驚呆了，無法做出任何回應。就在他仍持續當機中，我對我爸說：「沒想到當

年無法去繳註冊費，是因為我今生要去領講師費。」
這段故事我後來分享在 Facebook 粉專，也引起讀者們一片好笑、好評與迴響。
不止這一次，第二次則是隔年受邀擔任台灣大學《嗨教育》節目的對談來賓，主題是〈談大學生心理壓力〉。主持人加上來賓，總共有四位，分別是台大醫學院毒理學研究所姜至剛教授、台灣中央研究院社會學研究所特聘研究員伊慶春老師、台大心輔中心黃揚文臨床心理師，以及由外部聘請的心理學專家我。
就在節目開始錄影前，我趁機請教節目企劃人員：「為什麼是我呢？」畢竟出書的心理師這麼多，比我資深的、比我有名的、銷售量比我好的大有人在，為什麼偏偏是我呢？雖然還是有點沒自信，但更多的則是基於好奇。
記得團隊人員這麼跟我說：「老師，我們事前規劃節目開會時，研究過許多心理師在節目上的表現，我們特別喜歡妳的口條及風格。」這個回饋讓我相當地感動，也讓我再次收穫到，做自己的珍貴與美妙。
我並沒有在出書後，因為時常受邀上節目，開始刻意讓自己說話字正腔圓、語氣溫柔婉約，依舊秉持著「文章用字遣詞優雅，但是本人說話卻很搞笑」的風格。它讓我不需要額外花費心力去模仿別人、去成為別人，而是全神貫注、全力以赴去準備我要分享的內容。

再接下來，我又受邀到台大三次，都集中在二〇二四年。

第三次也是演講，談的是〈如何面對分手？透過愛情，獲得生命的整體提升〉。第四次則是台大新生書苑訪談，由兩位大學生擔任節目主持人，事先蒐集題目並整理好訪綱，找到想要訪問的專家，再由學務處代為邀請。

第五次，則是受到台大社團邀請，談〈領導力與關係處理〉。這次對我來說，更是一個全新挑戰。因為多數心理師所分享的主題，都是屬於人間苦難系列，例如離婚、憂鬱、喪偶、失親、原生家庭創傷、精神疾病之類，很少會受邀去談企業與組織管理有關的領導力，為此我同樣卯足全力，不只分享心理學在人際關係與溝通上的應用，也加碼了陳麗卿老師在《魅力領導學》中由內而外，從溝通表達、品味穿著到領袖風範的全方位領導觀念。

寫書的此刻，我去台大分享（領講師費）的次數已經多到數不清，甚至還少算了一次，幸好有筆記本與行事曆幫我回顧，精確整理出五次。

只要一%就行動

許多人都跟以前的我一樣，沒有信心接下前所未有的邀請，第一時間的反應就是逃。然而後來的我，再也不逃了。誠如我在演講、Podcast受訪時都曾提到過的，**如果這件事、這項邀請沒有傷天害理，也沒有違背良心，那麼你到底在怕什麼呢**？

我生命中的貴人也是知名講師謝文憲的經典著作之一《人生準備四十%就衝了！超乎常人的目標執行力》點醒了我，同時融合我的體會，那就是**跟隨自發性，只要一%就行動**。什麼是自發性？就是有一股躍躍欲試、想要去做的衝動。自發性是來自內在的呼喚，來自大我的聲音。

一%是一個比喻，也是一個觀念。一個巴不得分享給你、注入到你靈魂深處的嶄新觀念。所謂的一%，是指當你的內心出現一%的衝動、一%的渴望、一%

的心動、一％的想要、一％的信心，就去付諸行動的事，好比當你看到一場讓你感興趣的演講，立刻就報名；當你渴望去日本金澤旅行，今晚就訂好機票或開始找旅行社代為處理；當你渴望轉換工作，就著手更新履歷、上網蒐集職缺資訊，找朋友交流、請益相關消息。

如果有需要考慮的地方，那就是內心的衝動、渴望、心動與想要的項目不能傷天害理。若是有違法律及良心的事自然需要深思熟慮，正好可以藉此看到內心深處的寂寞、忌妒、擔憂……等心理議題，驅使你想要做出損人不利己的事，比如肖想別人的伴侶、想要寫黑函、造謠以拉垮競爭對手。

對於現在的我來說，只要有一％的渴望、有一％的信心就行動。等太久，機會都是別人的。**你的糾結點常常是自己「現在」的能力不夠，還有被分心所干擾、過度在意別人的眼光、執著於必須一舉成功**。

例如公司要外派你到美國，雖然你有躍躍欲試的衝動，可是又覺得現在的外語能力還不夠好；好比你在臉書滑到知名作家的新書分享會，主題看起來相當吸引人，結果下一秒注意力被臉書推播的購物廣告分散掉，忘了即時報名乃至於最後錯過報名期限；抑或是年過四十五歲的你想報名遊學團，但是深怕同事的閒言閒語、家人潑你冷水；還有就讀四年的科系、做了六年的工作想要轉換，卻擔心換了下一個仍無法一次到位，無法轉換一次就終生保固，因此就不要改變直到退休。

我特地標出「現在」，就是希望讓你看見，遇到挑戰、收到邀請、還有渴望去做的當下，其實還有一段足夠好好準備的時間，這能幫助你接下來更審慎、更精準地安排往後的活動與行程，有多少時間，要用來好好準備；有多少時間，可以用於玩耍及休閒。

分心干擾，則是現代人的重大課題。所以我更有意識地使用社群及網路，必要時斷網來幫助自己專注。在意別人的眼光是正常的，但過度在意就是問題，你可以時時問自己：「如果今生要為別人而活，那麼誰來為你而活呢？」還有對我而言相當受用的臨終後悔清單①，許多人在臨終前最懊悔的，往往都是當初想做卻沒去做的事，別人的碎嘴及想法完全不在清單中。至於終生保固、一舉成功、一次到位的思維，請趁現在用力拋下吧！

生命就是動態的歷程，相信你一定聽過「無常」兩個字，而無常就是「變化」；沒有永遠火紅的產業，沒有終生保障的飯碗，即使是相愛的人，都可能提早離開人間。**真正讓你終生受用的，是擁抱變化，持續行動的觀念。**

行動，會帶來更多行動；
邀請，會帶來更多邀請；
成果，會帶來更多成果；

越級打怪，你會成長得更快

如果你問我，二〇一九年第一次收到台大邀請時，心中有沒有過忐忑不安，甚至想要乾脆裝忙，推掉邀請的念頭？我可以誠實地回答你，當然有。推掉了，一了百了，立刻如釋重負，感到輕鬆；馬上解除站在台大講堂上，將會有無數眼睛盯著我，讓我頭皮發麻的焦慮、恐懼和莫大壓力。

然而，二〇二五年現在的我多麼感謝那時的自己。因為迎接挑戰，因為付諸行動，才累積了更多的勇氣及自信。不僅如此，也因為答應了第一場演講的行動，帶來了後續第二場、第三場……乃至於第五場的邀請，這就是所謂的正向發展，進入正向循環。

經過五次的台大邀請，我深刻體認到，**與其說我充滿自信，倒不如說，我越來越找不到理由對自己毫無信心**。

試想，別人會對你提出邀請，就代表他們欣賞你、肯定你的能力、表現和價值，不然他們為什麼不去找別人呢？（該不會是因為我比較便宜吧～誤）

對自己的真正肯定，包含你能對自己感到自豪，能承認自己的潛在能力、完整性和價值，而不是假的謙遜。

「不只是做喜歡做的事，而是『成為自己會喜歡』的人，以此引導你的人生。」

六年前我突然有感而發，寫下上面這段話。成為你會喜歡的人就包含了去做任何能為你提升自信、累積勇氣的事，而這裡面都包含了同一個元素，就是「行動」，要去執行。這些事可能具有挑戰的性質，簡言之，不容易。然而，你可以從微小的挑戰開始，慢慢地晉級，主動增加比先前多一點點的難度就好；同時你也願意迎接、歡迎更高的難度來找你。別忘了，千里之行始於足下，合抱之木起於毫末。

當我經歷過五次的台大邀請，無論是不同主題的演講，或是擔任與會來賓。如今的我受到國內任何一所學校邀請，校名的威望已經震攝不了我，也勾不起我內心深處的各種不自信與恐懼。

持續行動，就能提升內心的強度，活出越來越有自信、也更加喜歡的自己。

注①：請參考我的第一本書《人際剝削》後記二：避免人際剝削，從檢視「臨終前的後悔清單」開始。

1-3 啟動天賦，磨亮特質，成爲你的利器

很多人終其一生都沒有真正地認識自己。更遑論，深入了解自己的天賦與特質是什麼，涉及、涵蓋哪些領域。

尤其，即使知道特質、找到天賦了，而後續更重要的，就是「啟動」它，持續發揮你的天賦強項，讓它們的傑出、亮眼程度能夠從人們口中的前百分之二十，進化到前百分之一。

所謂天賦或特質，就是比起一般人做得相對好、突出的事。

你可以觀察到，有些事對於別人很費力，然而你卻輕而易舉。還有，對於這些事你會很有興趣、有熱情，自然就有一股內在推動力；在做的過程中，你也會感到很開心。不只如此，早在你還只是孩童時期，沒有大人要求你，沒有父母催

促你、逼迫你，你自然而然就想要去做，很喜歡做，不時得到稱讚、甚至得過獎的事。

至於那些你做起來感到很痛苦、過度費力的事，做的過程不只是意興闌珊，還感到極度壓力、避之唯恐不及，多半不是你的天賦之所在。

回到「啟動」這件至關重要的事。

試想，如果你具有運動、體能上的天賦，但是你從來不運動，或只是當成日常活動，當然就不可能在有意識地規律訓練下，變得優秀而突出，成為該領域的明日之星或專家，甚至是台灣之光。

被本業耽誤的今生正業

這讓我回想起寫作之路。許多人看到的，都是已經成為作家的我。殊不知我在十七年前，剛從心理學研究所畢業，成為臨床心理師，平時也都只是在寫精神專科醫院的心理衡鑑報告與心理治療紀錄，根本不算寫作，跟「持續地寫」更是八竿子打不著。這裡的關鍵區分點是，以前純粹只是記錄、完成工作項目，並沒有連結到最重要的創造力。

為什麼創造力如此重要呢？因為創造也等於創新，是一個前所未有的項目，先前沒有的發明、石破天驚的觀念……這些都需要動用天賦與特質，才能成就。就好比知名的科學家如愛因斯坦、尼古拉．特斯拉和心理學家榮格，他們的觀點都自成系統，也影響後世人無數。

真正的寫作，是創造力的發揮，它需要聯想力、融合大量資料的能力與新意。創造力領域的經典好書，奧斯朋（Osborn, Alex F.）的《應用想像力》提到，「創造力需要『保持不斷之努力』」。這句簡短的話其實蘊藏著兩大重點，即「不斷」與「努力」，也就是持續行動。

相信大多數的作者都有過以下的心境：我寫的書真的會有人看？會有人買嗎？第一本書就是最後一本吧！三不五時就有失去信心、自我懷疑的內在聲音不斷浮現，告訴自己別再寫了，喜歡自己作品的人不多；更何況出版業的市場大幅衰退，閱讀的人越來越少，停止寫作才符合理性的判斷，放棄算了。

出版第一本書時，我也有過類似的念頭。沒想到不到一年內，出版社繼續邀請我寫下一本書，我發現我越寫靈感越源源不絕，至今已有著作售出中國簡體字、韓國、越南、俄羅斯及有聲書版權。

我的高中同學姿好曾說：「妳根本是被婚姻耽誤的作家。」當時我不禁大笑，接著好笑地想，耽誤我的何止是婚姻？可能連全職工作也占據了我不少心力與時間。其實是多年來，我跟許多人一樣從眾，渾然不覺自己的天賦在這裡。**這些天賦、特質應該持續啓動，並不斷發揮、廣為運用。**

你的天賦與特質，早有蛛絲馬跡

我就讀小學三年級時，曾同時榮獲作文、繪畫及書法比賽第一名。上台領完第一個獎，接著下台一下，繼續上台領第二個獎，再接著重覆上一個循環，總共三回合。高二時在校刊上發表文章，我幾乎忘記這些事，也不看重這些事。如今回首，這些似乎不值一提的「小事」，其實一再指出我的天賦之一就在寫作裡。

記得幾年前，我去師大附近的大院子觀賞劉墉老師的畫展，其中一個牆面讓我印象深刻。它列出劉墉老師迄今為止的所有著作封面，為了計算書籍總數，我站在稍遠的地方，方能看得清楚，接著用手指算著橫列與豎列各自的數量，相乘後陡然一驚，竟然是上百本。我不只心生佩服，也油然而生一個感悟，就是「作家」二字，劉墉老師當之無愧，他正是「不斷」與「努力」的最佳代表。

寫作、繪畫是劉墉老師的天賦，他持續啟動，不斷打磨，從來沒有停下創作的腳步。有趣的是，那個展覽的重點是畫作，畫了他成長的地方，還有許多花卉。會特別留意到那個牆面是因為我也寫作，看到劉墉老師多年來的創作紀錄，點醒我**天賦需要一再啓動**。我們時常因為日常俗務而耽擱，因為社會眼光、主流價值觀排斥而不敢去做、停止行動。

看似人生的悲劇，實則啓動天賦的契機

離婚後，我開始在網路上透過文字抒發想法和情緒，被出版社挖掘而出書，

才開始規律寫作，有意識地寫下去。這才如夢初醒，串聯起所有往事。原來早已顯現的天賦多年來都在沉睡，沒有持續啟動、磨練它，讓天賦越來越亮。

你的人生是否曾遭遇打擊，促發你開始去做以前不曾去做、很少去做的事？或開啟你全新的學習。曾有朋友告訴我，他在人生困頓、百思不得其解下，開始學習紫微斗數，研究命理，也越學越有興趣。

不只是刻意練習，而是持續運用，在任何你可能發揮的領域

如果你對文字特別有感，敏銳度高，你不只可以被動閱讀許多好書，還能化為主動，把它用來產出。除了從事編輯、文字工作等相關領域，這些可以帶來收入的做法，還有什麼是你能夠大量發揮、不限於本業的嘗試，值得我們再思。都說**刀越磨越利，天賦也是如此**。

回想出社會的前幾年，都只是用來寫醫院報告、治療紀錄，到現在能夠寫出一本又一本長銷書，對於天賦的未來開展和應用，我已經迫不及待，希望能在接下來嘗試寫劇本、歌詞等各種創作。

我時常感慨與惋惜的其中一件事，是這個世界有多少人的天賦被埋沒，不曾被充分發揮和運用。很多人可能活了大半輩子，都不了解自己與生俱來的天賦；即使明確知道自身的天賦，也就只是知道，沒有持續啟動天賦讓它發光發熱，不只心靈豐盛，也帶來金錢的收入。不懂自己的天賦，也因此一輩子毫無自信地活著，在職場及關係裡唯唯諾諾，還認為自己平庸，一無是處。

持續啟動天賦後，我彷彿沒有重新投胎就已經重生。從一介素人到出書後各種奇遇和轉變，我只能用《法華經》的「得未曾有，非本所望」來形容心中的感謝與感動。也就是，**我得到了以前不曾見過、想過的，遠遠超出了我本來的願望。**

1-4 行動帶來信心，更大的行動帶來更多的信心

提升內心的強度，由行動開始。那麼更大的行動、更難的任務及挑戰，自然就會帶來前所未有的人生經驗值，讓內心的強度躍升到更高的層級。

人生第一次買房就攻頂

如果說三十二歲離婚，曾經是我今生最艱難的決定，那麼四十一歲買房子更是如此。因為我還是買在台北市大安區，傳說中的天龍國，所謂蛋黃中的蛋黃區。

我跟多數人一樣，出生在極其平凡的家庭，父親是工人，國小畢業；母親是

家庭主婦，高職肄業。自幼的家庭教育不只是傳統、保守，還潛藏著名為謙虛，實則自卑的議題。表面看來的教育是要有禮貌，然而抽絲剝繭下來，卻是矮人一截的不配得感，展現在與金錢相關的行為更是如此。

從小到大我會跟著母親去逛街、逛菜市場，這是屬於我們母女的快樂時光，也會去逛百貨公司，涼爽的冷氣真是沁人心脾。然而媽媽和我從來不會踏進百貨公司一、二樓的國際精品店，像是CHANEL、Cartier、LV、HERMÈS……我只會望著這些名品華麗的櫥窗，隔著玻璃看著這些優雅美麗的珠寶、配件及服飾，無數次帶著目眩神迷與讚嘆從門外經過，前往「我們才買得起」的品牌及樓層，然後逛得盡興。

有趣的是，成長過程中我都沒有意識到，這樣的行為有什麼奇怪，彷彿一般人都如此。直到近五年來，我開始研究金錢相關的心理學和靈性知見時才恍然大悟，這才看見長年潛藏在內心深處，乃至於整個家庭的生存焦慮、不自信及恐懼等重要議題。我開始透過閱讀來一一檢視這些限制性信念，並透過行動逐一鬆綁及打破，學以致用，知行合一。

如果以前的我不敢走進世界級的精品店，不敢近距離看包包、服飾和配件，那麼更遑論走入房屋代銷中心了，因為在那看的，可是多了好幾個零的房子。

把自己從各種限制中釋放出來

二〇二四年夏季的某天，我只是出門買個午餐，所以穿著相當休閒，心情也是格外輕鬆，走著走著，看到一間店面似乎正在進行內部裝修，看起來會是代銷中心。當時我突然飄過一個想法，代銷中心通常離建案基地不遠。換言之，建案會在我喜歡的區域。

我幾乎想都沒想，沒有半點躊躇和猶豫，就這樣一腳踏進去。這應該就是從過往根深蒂固，那些有關金錢的限制性信念釋放出來，才會有的心身連動反應，我好奇地請教正在張羅內部的人員：「請問預售屋基地就是在這附近嗎？」一副專林大哥親切地告訴我，價格等內容都還沒有完全訂出來，請我先留下聯繫方式，過幾天就會通知。

這對於以前的我來說，是絕對、萬萬、百分之百不可能出現的舉動。快步走過，站在門外觀望才是常態。

過了一個禮拜，我接到代銷中心的通知了。果然是菜鳥中的菜鳥，因為手邊工作總是沒完沒了地忙著，我沒有在收到通知的第一時間就立刻過去。等到再過幾天才去時，原本屬意的戶型十一樓已經被訂走了（因為我十一月出生）。好吧，那就往上一個樓層看看吧！高一個樓層視野更好，幸好十二樓還有我理想中的戶型。沒想到下一個難關就來了，訂金當下付不出來，因為我平時只預留固定的生活費，加上物欲低，所以預留金額也相對少，我幾乎都把錢放在股市，幸好副專和經理幫忙，終究讓我買在潛銷期的第二波。

簽約時，需要拿出身分證複印來完成相關手續。還記得代銷中心的經理和副專一看到我的身分證，立刻驚呼「妳真的好年輕！」是啊，看著隔壁桌、陸續走進來詢問的人，幾乎都是我的父母親輩，甚至更加年長。我彷彿闖入叢林的小白兔，內心雖然感到新奇和驚喜，但何嘗沒有許多的忐忑不安、自我懷疑，畢竟這可是一筆天文數字！對於跟我年齡相仿的朋友，甚至對於多數人來說，這是根本不敢想像，甚至直接放棄的人生大事。

面對人生新題與難題時，正是時候跨領域破圈學習

即使我是臨床心理師，我依舊要學著看見自己內心深處的各種限制性信念，無論它們展現在金錢或任何議題；即使我是臨床心理師，我也要學習跨越不安、自我懷疑、焦慮和恐懼，透過行動把自己從各種限制中釋放出來，鍛鍊心理素質，提升內心的強度。

後來跟好朋友們分享這件事，他們都相當為我開心。我說這個故事濃縮、簡約版的說法，就是「原本我只是要去買個飯，卻買了間房子回來。」好友聽聞皆大笑不已，他們看著我一路走來的各種變化，也回過頭帶給他們對於自己、對於生命更多的信心。

《個人實相的本質》書中提到：「愛你自己，並且給自己公正的禮遇，而你將會公正的對待別人。」這幾年我將全數心力與能量，投入工作與寫作，也為自己的人生進行大幅度的轉型。所以，我想給自己公正的禮遇：妳配得上這間房

子，妳值得住在大安區！我想深深地擁抱自己，也這樣告訴自己，這些年妳辛苦了！這是妳應得的。雖然往後還有貸款壓力，但這是後話了。

一切，都從微小的行動開始

買房子不是一步登天，我也是先從理財、投資的學習，從散戶及小白開始，先有投資上的獲利，加深理財的信心，接著才有近一步置產的決心。

既然是新手，那麼就不免會受到房市新聞、短期消息面的影響。這跟我二十三歲時初探股市，隨後放棄投資；還有五年前下定決心，開始透過閱讀學習投資，進入股市時的情緒變化和心路歷程，如出一轍。

所以，這段時間我開始大量閱讀房地產相關的書籍，收聽各個房市專家的訪談，也讓我循線挖掘出房地產領域的絕版書《房市激盪五十年》。透過作者卓輝華，中華民國不動產估價師公會全國聯合會創會理事長的觀察及論述，書中也回顧了台灣房市數十年來的發展歷程，讓我了解會影響房市的各種原因，像是政策面、經濟面、景氣面等，也讓我在持續行動、面對全新挑戰的過程中，能夠相對安心，而不是跟著新聞、社群上的紛亂消息隨之情緒起伏，影響工作表現和心理安適。

這個過程帶給我一個深刻啟示，**當你面對人生新題、難題時，都是你破圈學習、跨領域閱讀的契機**。以往的我，根本不會去涉獵房地產相關知識及消息；然而自從我想要買房，還有置產後，房地產成為我接下來的首選學習新知！這就好比育兒書籍，除非是教育相關從業人員，不然通常都是在你即將為人父母時，才會去閱讀及深入學習。

一路走來，從以往支付的是幾千塊的衣服、幾萬塊的國外旅行，到現在有勇氣負擔上千萬的房子，並不是一朝一夕就能擁有的信心，而是透過一個又一個行動，提升內心的強度，然後在其他條件都具足時，像是理想區域有了符合自己需求的建案，才能做出置產的決定。

行動，帶來信心；更大的行動，帶來往後更大的信心。

隨著行動帶來的豐碩成果，也累積成你最堅實的底氣；

還有面對未來，大無畏的勇氣。

現在就這樣行動

什麼是你人生中更大的行動？

試著回想，你這一生一路走來，一定有過更大的行動，只是你忘記了、輕忽了。好比大學畢業，你決定去報考研究所；好比進入社會多年，有人去申請 EMBA；好比沒有運動的習慣的人，卻開始練習跑步，甚至動念要完成三鐵。更大的行動目標不需要跟別人比較，而是傾聽你內心的聲音，有哪些你很有興趣但稍有難度的項目？你可以將它列入你今年的行事曆當中，提醒自己要去執行它。

1-5

起心動念的蝴蝶效應，持續行動的未來效應

開始寫作後，我曾經在《今周刊》寫過專欄，其中我最喜歡的，就是以二〇一七年上映，改編自東野圭吾原著小說的日本電影《解憂雜貨店》為題，「即使有來自未來的信，最終是你的選擇與努力，才造就一切」的這篇文章。

選擇，就是行動；努力，就是持續行動

電影中有三位成長於孤兒院，闖空門的年輕人。他們躲藏在浪矢雜貨店的同時，意外發現這間雜貨店的神祕之處，也就是雜貨店竟然會有來自過去的信件發問、求助，希望能獲得人生的指引和撫慰。最初的回信者正是雜貨店的老闆，

三十二年前的浪矢爺爺，所以故事的安排涉及了穿越時空。

最讓我印象深刻的其中一個支線，就是由尾野真千子飾演的田村晴美，她出生於孤兒院，希望賺取更多錢報答養父母之恩，所以猶豫著要不要辭去白天的上班族工作，專心投入收入較高、晚上兼差的酒店工作，正好又有客人願意出資讓她開店，然而她很猶豫真的要走這條路嗎？所以把內心的困惑寫下，投入浪矢雜貨店前的信箱，屬名為「迷惘的汪汪」。

有趣的是，這三位年輕人對晴美而言，就是來自未來的人，因為相距了三十年的時空，他們知道日本未來的政治變化和經濟發展。其中一位年輕人敦也就回信告訴她，可以靠房地產致富。所以晴美選擇了維持上班族的工作，同時努力學習金融，透過投資及掌握未來大環境的變化及趨勢脈動，最後她成就了一番事業，成為傑出的女性企業家。更妙的是，她還長期資助孤兒院，正是安置、撫育這三位年輕人的同一間孤兒院。

所有的行動，都是由「起心動念」開始

起心動念的蝴蝶效應：**每一個不起眼的決定，都會在未來影響你的命運**。你應該聽過「蝴蝶效應」（Butterfly Effect）這個詞，它是由美國氣象學家愛德華・羅倫茲（Edward Norton Lorenz）所提出，原本是指「一隻蝴蝶在巴西輕拍翅膀，可以導致一個月後德克薩斯州的一場龍捲風。」意思是說，「看似渺小、微不足道的小事，可能帶來意想不到的連鎖反應及巨大改變」。

出書後，對我人生最切身的影響，並不是打開知名度，被原本不知道我的人知道；而是原先的人際圈產生了巨大變化。原本就很親近的好友不說，因為我們本來就長年保持聯繫；而是學生時期不同階段的學長姐、同學及學弟妹，那些原本並沒那麼熟的人會來請教我，甚至把他們最隱晦、難過及不欲人知的秘密告訴我，把我視為人生的燈塔、信賴的對象，讓我受寵若驚，也變得忙上加忙。

寫書、演講的起心動念，自然是幫助別人，透過這些方式讓人少走冤枉路，甚至是賠上自己的人生。早年在精神專科醫院全職工作的經驗，帶給我最深刻的

感悟之一是，**很多悲劇都是可以避免的**。原生家庭給你許多枷鎖，你一定能走出這些桎梏；遭遇伴侶出軌，你無需傷害自己或玉石俱焚；工作壓力沉重，極度過勞，你可以適時、適度地主動調整，而不是被動忍耐，直到身心靈徹底崩潰。這就是我寫書的初衷，也是偏內向的我再怎麼不喜歡演講等這些公開活動，還是會在不過度勉強的前提下，繼續演講、上節目的背後動機。

這些看似不起眼的起心動念，竟然慢慢累積、堆疊別人對我的信任，也帶來更多、更大的合作邀約。

常言道，人在做，天在看。換我說，是人在做，人在看。所有人都把你的一言一行默默看在眼裡，持續在心中的記分板扣分或加分，從而決定是要跟這個人劃清界線、保持距離；還是更多的信任與欣賞，假以時日，遞出你意想不到的合作邀請。這也再次驗證了「勿以善小而不為，勿以惡小而為之」。

覺察你的每一個起心動念，看懂「起心動念」→「行動」的發展結果及長遠效益。哪些起心動念、哪些行動會幫助你提升內心的強度？而哪些又會讓你的內心更加空虛及萎縮。

這就好比，你想要做些好事，你開始樂捐發票、定期捐款、買書送人甚至還特地到新書分享會現場給作者親自簽名，這些無所為而為的善行都被旁人看在眼裡、記在心底。假以時日，當你需要協助時，有作品、項目或消息需要媒體宣傳時，這些擁有自媒體資源的名人就會主動幫你一把，即使不是名人，也會私下詢問你如何提供幫助，不是對價關係，而是感念你的善行。當初的起心動念、看似微不足道的行動，竟回過頭來增益你，也提升你內心的強度。

即使有來自未來的信，最終是你的選擇與努力造就一切

來自未來的信，就如同預言。但是預言內容並不是那麼重要。重要的，是你怎麼選擇；以及選擇之後，你有沒有去做，去付諸「行動」，才會造就你現在乃至於未來的成果。這就好比，有深諳紫微斗數的朋友告訴你這輩子有出書的緣，但是你左耳進、右耳出，聽過就算了，沒有去做，或者是興沖沖地寫了五百字就

束之高閣，還是追劇比較輕鬆。這也讓我想起近年來很流行一句話，選擇比努力重要。然而這句話不完全正確，而是**選擇與努力都很重要**。

確實方向錯誤，努力幾乎白費；但是方向再正確，三天打漁，兩天曬網，也是在耍寶瞎忙，不是嗎？就跟以前的我一樣，讀了很多好書，理解很多觀念，但真正付諸行動的卻是少之又少。很多金句不能只聽表面的那一層，而是要反覆推敲，甚至是反向思考，去看懂這些論述的更大脈絡，才能真正為你所用。結合選擇與努力，帶來行動的成果，也能讓你的內心變強。

唯有行動，才得以顯化

行動，才是顯化的關鍵。如果我從不行動，那麼不會有第一本書的誕生；如果沒有持續行動，就不會一本又一本，寫出你正在閱讀的第六本，而且是截然不同於前五本的內容，彷彿我的回憶錄，也是我的轉型之作。

持續行動的障礙，你無須追求完美

對於絕大多數的人來說，無法持續行動的最大障礙，就是對於完美的追求。然而，如果你明白完美不只不可得，也沒必要的時候，你就能從無法持續行動的障礙中突破。為什麼完美是不可能，是沒有必要的呢？因為**作為人，作為一種存在就是處在「變為」的狀態。這個變為，並不是要你變得完美，而是要變得更像你自己，那個獨一無二的自己**。而且，完美等於終止，已經沒有再進步及創新的空間。

寫作至今，並非全職作家的我出了五本書，還寫過不少專欄文章，我也曾經追求每篇文章中每一字、每一句、每一段的精雕細琢，幸好我有所警覺，才沒有因為完美主義而陷入拖延症。只要有把最想傳遞出去的重要觀念寫進去，就問心無愧，按下文件送出鍵。

回顧我寫過的文章，有沒有進步的空間呢？當然有，不是我當初寫得差而有進步的空間，而是隨著我持續學習、成長，然後回頭看，自然會有更臻成熟的理解。別讓完美主義使你裹足不前，夠好就好！我也是這樣鼓勵想要出書，但沒有自信、覺得自己寫得不夠好的朋友。這個世界上有一種工作叫「編輯」，你擔心什麼呢？作者就像懂得燒菜的廚子，給我食材與調味料，就能烹調出色香味俱全的好菜。然而我卻不懂怎麼上菜，所以擺盤、菜序、菜名等有編輯幫忙及把關。原本我煮的只是家常菜，然而在編輯的專業功力下，就變成了國宴級佳餚。

你有沒有看見，行動會帶來更多行動？**沒有行動，一切都是零。零乘以任何數字，還是零**。不只如此，你的起心動念、你的善言善行，都會吸引更多的助緣人，帶來更多意想不到的成果。

持續行動的人，內心強度能夠提升。他們深刻明白，每一個起心動念都可能掀起蝴蝶效應，持續行動將會正向地影響未來，不只是找到今生的天命，也活出屬於你的好命。

現在就這樣行動

你習慣覺察你的起心動念嗎？

每當一個念頭飄過，記得停佇一下。如果是善念，是對自己或他人有益的想法，記得把它們寫下來，並且執行它。我通常會將它們放在行事曆上卡位，避免自己忘掉；如果預先設定好的時間，卻因為突如其來的緊急要事撞期，往後順延即可，無須給自己完美執行的壓力。

Action 2

十倍放大的開關

只有一倍當然不夠，至少要有十倍額度來倒扣。
否則別人一句話風涼話，你就會火熄滅了（Hué hua）。

2-1

無條件地肯定自己，對自己感覺良好

前些日子接受天下雜誌的專訪，談的正好是我最常分享的離婚議題。受訪結束並稍做休息後，我打開臉書看到動態回顧，這才回想起四年前，我曾經申請過美國名校心理學博士班的這段往事。

如果我當年「順利」地去了美國，現在的我已經離開台灣，並且住在美國將近四年了。可想而知，忙著面對博士班學業、適應異國文化、社會環境、生活與工作節奏的我，肯定會將所有時間、心力與能量都用在於此，無暇寫作，更遑論繼續出書了。

回到剛知道博士班落榜的那時，跟許多人一樣心情難免感到失落。那時我正好回到高雄老家幾日，就在二樓的餐桌旁，我一邊倒水喝，一邊想著要跟我嚴肅的父親聊天，正琢磨著適合的話題，想著考博士班也算人生大事，同時也跟他彙報一下近況，因此我就用著輕鬆的態度跟父親提及此事。沒想到他立刻皺起眉頭，用不贊同的冷冽口吻說道：「妳都已經幾歲了，還在想出國這些東西！」（台語）

如果是以前的我，肯定當下就被激怒，內心瞬間炸裂，立刻上演起我們父女倆就是無法好好相處、你就是我人生中最大的反對黨……內心小劇場。幸好這幾年靈性學習幫助了我，多少有微幅的長進。當時我沒有因為被父親否定，激起了以往必然第一時間浮現的怒氣和對立，反而一秒恍然大悟，看到了埋藏在我內心深處、父女關係未盡的課題；也看到我那垂垂老矣、只有國小畢業、不會上網也不會使用智慧型手機（是的，你沒看錯），更遑論能讀英文、能說英語，也無法自己輕輕鬆鬆訂好機票，就像買台鐵、高鐵車票一樣容易的父親，其實陷入深深的無力感與震驚。還有，他捨不得我遠赴美國好幾年，從此就難以見面，也更少時間通話閒聊，女兒彷彿徹底人間蒸發的複雜心情。

後來我上吳若權老師中廣《媒事來哈啦》的節目空檔，跟若權老師提及此事，若權老師立刻泛起他一貫溫暖、善解人意的笑容，親切地對我說：「爸爸媽媽就是妳最深的牽掛，所以妳去不了啊！」

若權老師的這句話，我一聽就懂，也是醍醐灌頂。我不會因為少拿一個學位而感到遺憾，也不會因為今生沒有博士學位的光環而自慚形穢，矮人一截；但我肯定會因為在父母的暮年，沒有能夠多陪伴他們一點而懊悔終生。更何況，這個世界上還有一種東西叫做「榮譽博士」（笑），這件事我分享在臉書時，還引起廣泛回響。

在群體意識中、傳統觀念上，落榜是很糟糕、丟臉的事。你是不是也有這樣的信念？甚至也曾因為落榜而感到相當自責及懊惱，感覺自己很差勁，恨不得把落榜相關的經驗，像是投履歷卻石沉大海、沒有面試的機會；或是面試了卻在第二關被刷掉；抑或是各種考試，你很用心準備結果卻不如人願，沒有通過或被錄取……都藏在記憶深處，深怕被別人知道。你可以觀察到一個趨向，**多數人認為但凡不順遂，就等於失敗，都很可恥，都是壞事**。然而我竟然好意思公開在網路上，如今還寫入書中，深怕沒人知道，或是落榜這件事被人遺忘。

「十倍」地自我感覺良好

忘了從何時開始，「自我感覺良好」六個字開始在網路上盛行，並總是帶著貶意，你不能覺得自己很棒、不能覺得自己很漂亮。這些肯定、讚美之詞必須由別人來說才政治正確，如果自己說就不對。只要沒傷天害理、不違法，當然要無條件地相信自己、肯定自己、欣賞自己，對自己的感覺良好。就好比愛自己、信任自己、尊重自己……這些話想必你都有聽過，也在許多本書讀過，可是似乎都不起作用。

曾有讀者在我的臉書文章底下留言，他說自己讀了心理勵志類書籍五十多本，但困擾他的狀況依舊。從他多次留言的字裡行間中可以觀察到，他是個相當客氣的人，然而卻下意識會先看到自己的缺點，甚至放大其不足之處，但是對於自己進步的地方、擁有的優點卻不太肯定也不敢肯定，因此對自己的感覺不佳。

尤其像是落榜、離婚、失業……許多沒有傷天害理的常見人生挫敗，也容易讓人感到羞愧，覺得自己很糟糕。彷彿看見自己的優點、肯定自己的表現……

這些能夠提升內心強度的基本元素，需要許多外在條件才能成立。在這樣的前提下，怎麼可能不憂鬱？與人競爭、比上不足的焦慮永遠潛伏著，如影隨形。

為什麼是十倍呢？唯有先放大、先存夠；心理強度的本錢多，不怕日後的打擊來倒扣，對於許多人來說，別人的風涼話、沒有人看好，還有常見的自己唱衰自己，都會讓你原本可以付諸行動、那一把火般的動力熄滅（Hué hua）。好比你看到有人去學滑雪，覺得很帥，甚至動念想要成為滑雪教練，但是媽媽說：「你都幾歲了，不要不務正業！」你立刻就打退堂鼓了；或者逛街時看到一件洋裝很美，想要試穿，結果一旁的伴侶說：「你最近變胖不少，別試了！」你就默默地把拿在手上的洋裝掛回架上。**支撐我們付諸行動的內在本錢往往不夠，所以別人的一句話、一個評價、一個沒有經過深思熟慮而給出的建議，就這樣動搖了你原本想去做的事，無論是大事或小事**。

好比三不五時就會看到的，愛自己 vs. 自私的論戰。每當有人倡議愛自己的重要性，就會有人不滿地回應愛自己就是自私，讓原本已經覺察到問題、打算要愛自己的人陷入惶恐、困惑和焦慮，繼續把照顧好自己這等大事無限期擱置。

好比媽媽如果沒有把照顧孩子、照料先生與家庭放在第一順位就可能招致自私的批評，甚至還沒有外界的指責，對自己的懷疑早已如影隨形，深怕先照顧好自己的需求就無法成為夠好的母親或妻子。然而愛自己從不等於自私，唯有尊重自己的感受，照顧自己的需要，讓自己先保持在好的狀態，才可能做出更適合對方需求的付出，也有清明的智慧判斷需不需要付出。正是因為不夠愛自己，愛自己的程度不足，才會無意識地，或輕易地被社會常規、自我懷疑所動搖。

所以要放大對自己的信心、對自己的賞識、對自己的愛與肯定，這些都是內在的本錢。尤其要跳脫以往的觀念，不用等到別人頒發十張獎狀才有十倍的信心，你可以隨時隨地肯定自己，而且是加倍，甚至是放大十倍的賞識自己。**所謂的十倍放大就是你要有意識地、反覆地、加倍地去看見自己的好，去肯定自己的進步，**哪怕目前只有一點點，尤其**不要因為一時的不順、暫時不如人意、有人投下反對票，就去倒扣對自己的賞識與信心。**

就好比今天清晨醒來，你有完成答應自己的跑步三公里，就可以告訴自己「說到做到，你超棒的！」如果遇到滂沱大雨、突發變故而無法成行，你也要提醒自己，明天恢復即可，而不是用「我沒有做到真沒用」來為自己扣分。

所以，你需要保持高度覺知，透過不間斷地練習與自我提醒，無條件地十倍對自己感覺良好。

不只如此，四年前，當我確定從耶魯大學（Yale University）、威斯康辛大學麥迪遜分校（University of Wisconsin–Madison）等校落榜，好些個案告訴我他們如釋重負，因為他們很怕我去了美國，往後若需要心理治療協助時，再也預約不到我。這也讓我感受到執業以來，心理治療工作的重要意義。

達賴喇嘛說過一段非常動人的話：「這個世界並不需要更多成功的人，但是迫切需要能夠療癒的人；能夠修復的人；會說故事的人；還有懂愛的人。」考上名校博士班絕對符合傳統世俗所定義上的「成功」。然而它也可能讓我錯過正在倒數計時、陪伴時光不多的父女、母女親情；也因為我沒「順利」考上博士班，才能成為如今深具啟發的故事。

這也點醒我另一件至關重要的事。任何生命中不順遂的事，那些你沒有得到的，抑或是你所失去的，真的百分之百、全然都是壞事嗎？

得，不一定是得；失，也不必然是失。

得或失，沒有人能在當下定論。

可能失之東隅，收之桑榆。

只要能夠發現蘊藏在「失去」或「不得」底層的寶藏，都是好事。

對自己懷抱深切的愛與尊重，你會找到並信任自己的方向

即使當年落榜了，我也沒有因此懷疑自己投入的努力和本身的價值。我依舊愛自己，不因此否定自己。有些事即使沒有如你所願、「目前」沒有開花結果，但你可以持續探索，如果此路不通，接下來的路可以往哪裡走。

如果不是當年申請博士班落榜，我不會繼續寫書，尤其是現在這一本在我心中的地位，就是《洪培芸回憶錄》。我想到獲得過四座廣播金鐘獎的主持人朱家綺，二〇一九年訪問我時，聽聞我遭遇背叛，選擇離婚搬到台北，開始持續蛻變的奇幻之旅後勉勵我：「不用等到五十歲才出妳的自傳，四十五歲就能寫。」當時我以為至少也要等到五十歲，沒想到又是大提前，四十一歲就透過持續行動，提早實現。

一路走來，初衷不變，就是**不斷行動**。把許多眼前的挫折、難以理解的際遇，透過**行動力**和**創造力**串聯起來，**越行動，越明白，也活成了今生最好的安排**。驀然回首，原來更盛大的安排在未來等著我，也等著你。

現在就這樣行動

試著檢查，你有哪些對自己感覺不良好的地方？

可能是外表、收入、能力及表現等，看見自己無意識地與他人比較的習慣，這些都是讓你陷入內耗及焦慮、降低內心強度的因素，開始學習用中性、不批判的視角取代。

拿出紙和筆寫下你一路走來做得很好的事，以及那些你「說到做到」的小事，別因為看似普通、平凡就覺得不值得記錄，像是連續三天沒有睡過頭，準時去瑜珈教室報到，都值得用來自我肯定。

2-2

重生的力量：不提早放棄，搜尋其他的可能性

人生在世數十載，誰能一生從無遭遇打擊？完全不曾經歷突如其來的挫敗，像是付出大量心血，肯定會十拿九穩的項目，後來卻毫不符合理性邏輯的發展，竟然鎩羽而歸，甚至是你苦心經營的成果被人巧取豪奪，這些磨難般的意外可能展現在學業、事業、健康、感情與各種關係上。這些挫折的真正用意，都在考驗及鍛鍊我們的重生力。

當你挺過去，就會提升內心的強度，讓你的人生格局又提升一個檔次。退一萬步說，至少你沒有自暴自棄，把接下來的歲月與大好人生都賠了進去。

我沒有吃過任何一顆安眠藥

出書後，除了分享心理學知識及臨床案例，我也會在粉專分享自己的生命故事，不只是裹在心理師的白袍下，隔靴搔癢地只講個案（遵守專業倫理、保護隱私的前提下改寫）的故事。

距今九年前，在我三十二歲發生婚變時，我也經歷嚴重失眠。所以我自嘲是婚姻及失眠界的學姐。當時住在桃園龜山，記得最初的四個月，我每天只能睡兩小時，其他時間就在客廳走來走去，飄來蕩去如同孤魂野鬼。有過嚴重失眠經驗的人都了解，那是誰也不想要的人生體驗：頭昏腦脹、頭疼欲裂、情緒起伏大，還變得暴怒易怒……隨時在一種快要爆炸的臨界點；還能勉強控制時，你會將這些不舒服壓抑下來；然而誰都沒能預料，何時會超過忍耐的臨界值，讓你整個情緒爆炸。長期失眠的結果，就是身心俱疲，甚至偶爾也會感到厭世。

不只嚴重失眠，還有暴瘦十公斤，體脂肪掉到對於女性相對罕見的十一％，第一次體會到何謂無痛減肥法。短短四個月就瘦到像顛沛流離、不曾溫飽的難民。尤其七個月的停經，讓我嚇到趕緊去婦產科掛號，擔心會不會出現潛在而嚴重的問題。吃藥打針後，生理期依舊停擺，只好進一步自費抽血檢驗，檢驗出來的數值一切正常，真不知該慶幸，還是惋惜那白白花掉的錢。它讓我深刻體會到，**心理對生理的影響竟然如此巨大，不容忽視**。

即便當時深陷低潮還嚴重失眠，我卻沒有吃過任何一顆安眠藥。身為心理工作者多年，我看過無數藥物依賴，甚至是藥物成癮的案例。我怕自己會有依賴心理，就這樣一輩子吃下去。當然我並非放任不管，而是發揮神農嘗百草的精神，嘗試不少營養補充品，無論自己買，還是哥哥送的，像是褪黑激素、梅精、芝麻錠……或因為感冒而服用的肌肉鬆弛劑，我也都試過，就是不吃安眠藥。同時，我繼續透過各種方式幫助自己，例如閱讀好書、瑜珈、靜心、跑步、爬山、赤腳接地氣等方式。

所幸搬來台北後，透過前述的各種做法，我的睡眠時間終於拉長，從每天睡四小時，半夜醒來三、四次，輕度失眠的狀況為期將近三年；到後來能漸入佳境，如今已完全痊癒。

對於許多人來說，感情受傷、遭遇背叛都是一生難以承受、跨越之痛。你也有過類似的經驗嗎？情傷後的你不時鬱鬱寡歡，甚至還有偏激的傾向，不只影響你的睡眠及工作表現，其他關係也連帶遭殃，容易被踩雷而與人起衝突；無法從逆境中重生，甚至將痛苦定錨，繼續去活往後的人生。

不只是感情上的挫敗，學業、工作……其他領域的失落也經常讓人難以看開。無獨有偶，張忠謀先生在其自傳上冊也寫到：「許多年後，我把在麻省理工博士落第視為我一生的最大幸運！」當時的他看到榜單上竟然沒有自己的名字，對於一路學霸、一生優秀的他真是情何以堪，十幾年來在學業上的投入，原本想走的學術之路就這樣被硬生生中斷，讓他從小累積的自尊和自信幾乎消失殆盡，飲食及睡眠也大受影響。張忠謀先生清清楚楚地寫到，這是他有生以來的最大打擊。

然後，他自暴自棄了嗎？顯然沒有，也幸好沒有。前者，是基於他的真實狀況、人生發展的描述；後者，是全球台積電股東們的心聲。

張忠謀繼續說，如果他當時順利通過考試，肯定會繼續讀博士，而且也能畢業，接下來他最可能走上的，就是學術、研究之路。若然，他不會進入業界，乃至於後來的半導體界，更不會進入企業管理，他的人生就會跟現在截然不同，恐怕也不會在這裡寫《張忠謀自傳》了。

這一段讓我畫下一長條的重點線。也讓我再次驚覺，**人生轉捩點，往往都是發生在看似苦難、挫敗和打擊的事件！**

如果我當年不曾經歷婚變，我會日復一日、朝九晚五的工作與生活，肯定也會將不少心力放在伴侶上；不會搬到台北，不會出書及登上螢光幕，迎來更精采有趣的人生旅程，當然也不會在這裡寫這本書了。

重生的關鍵，來自持續行動，搜尋其他的可能

九年前遭逢婚變，我就知道將來會出書？怎麼可能。我唯一做的是，沒有太快放棄人生，即使陷入低谷與消沉，依舊去想**還有什麼是我能做的事**。婚姻結束，換來自由身，獲得更多屬於自己的時間。一開始依舊穿梭台北、桃園及新北

各地接案，忙碌與奔波不在話下。幾年後被出版社邀請出書，寫作成為我職涯發展上的另一種可能，即使當時以為第一本書就是今生唯一及最後一本。我依舊繼續寫，沒想過會帶來多少版稅，以及寫作會如何改寫、影響我的人生。

支持我寫的主要信念只有一個，如果這本書能夠幫助到有相似苦難的人，讓他們不會走上絕路、跟傷害自己的人玉石俱焚；或長年壓抑忍耐，有朝一日再也承受不住，爆發出嚴重的精神疾病，在醫院度過他們的餘生，那就夠了。如今回想，搬家、寫作這些「行動」也是幫助我轉移低潮時的注意力，更加找到人生方向、天命的關鍵。

重生的考驗，來自你願意做人生的先鋒、走在前面

張忠謀先生也提到，他能把有生以來最大打擊，視為一生最大幸運的體悟，其實是許多年後的事。換言之，哪怕是世界級的企業家都不是先知，也都是摸著石子過河。他表示當年在美國的環境，華人博士的出路都在教學及研究。他想著自己何不做個先鋒，另闢蹊徑。換言之，當你跌落人生谷底，必須重生時，不能

只想在既有的環境條件、因循周遭旁人的做法來找答案。有時候必須當隻黑羊，成為異類、走在最前面的人。當然，這並不容易，所以需要透過閱讀名人傳記來為自己改變觀念、加油打氣，看看前人跌過的坑、流過的淚，竟然都跟此刻的你如此相似。

驀然回首，那些少有人走的路，竟然被你走成了康莊大道，真正的人生坦途。

重生，來自盡你所有可能

挫折都在鍛鍊你絕地重生的能力。不要太快放棄，更不要看衰自己。當你挺過去，內心強度必然提升。當你盡力嘗試所有可能，無論結果有沒有抵達你預設的彼岸，過程中也會增加你的能力、開拓你的視野。即使沒有抵達預期的地方，往往也是到了出乎預期、更合適也更好的位置。

不要太快放棄，絕境就不只是絕境，重生就在此時。

現在就這樣行動

你是不是也有跌落谷底的境遇？或者現在的你正在人生的最低潮，看不到前方的希望，也對自己毫無信心？

你可以上網輸入你所苦惱的關鍵字，搜尋相關的書籍和文章，看看跟你有著相似經驗的人生前輩，都是用什麼方式從谷底爬起，又是花了多少時間才絕處逢生，甚至是在往後活成人人欽佩的樣子。請將重點放在「方式」和「時間」，當你看到這些厲害的人也用了許多年，就會增加現實感，也能給予自己更多的善待與包容，慢慢爬起。

2-3

行動帶來勇氣，勇氣帶來精彩的生命

許多人跟以前的我一樣，很容易因為一時的挫敗、失意而懷疑自己，甚至被徹底擊垮。難道我只有申請美國心理學博士班落榜的經歷嗎？當然不！這幾年我白白交出去、看似打水漂的報名費可多了，其中一次，就是申請台大EMBA落榜。

行動與勇氣會相互增益

比起申請心理學博士班，無論是申請國內或國外的學校，對於心理師這項專業及工作而言，都還算是可以理解及想像的發展路徑；然而竟然想要去申請商學院，這就算是罕見了。莫非是哪根筋燒壞了？還是時間太多、錢太多？畢竟知情的人都了解，就讀 EMBA 的學費可是相當驚人的。答案當然是以上皆非。單純就是二〇二三年的我開始對商業思維、模式及相關領域燃起了熊熊烈火般的興趣！

那陣子我才剛上過全方位才女吳淡如的節目《人生實用商學院》及《幸福好時光》，因此跟淡如姐結緣。淡如姐最為人津津樂道的經歷之一，就是她讀過台大 EMBA，當然還不僅於此。所以我想了又想，既然要報考台大 EMBA、需要推薦人，放眼望去，最有資格擔任推薦人的頭號人選，就是淡如姐了！這時問題就來了，以我跟淡如姐的交情，我只是上過節目的來賓之一，哪裡好意思跟她開口呢？而且從某個角度上來說，這就是所謂的「無事不登三寶殿」，有事才來找。光是這一個念頭，就讓臉皮薄、高敏感的我開始內耗，腦中開始想著：「這樣好嗎？會不會太麻煩人家？淡如姐工作這麼忙，肯定有無數個群組的訊息要處理，我還去打擾她，會不會太不上道了……」

總之，想過第二輪後，我決定「算了」！這裡的算了，並不是乾脆就不要考

EMBA了；而是我依然要申請看看，也想邀請淡如姐作為推薦人。只是如果我邀請後被拒絕，我就算了，也就是「認了」！至少，我踏出勇敢嘗試的那一步，而不是陣亡在自己的內心小劇場裡面。

你看到了嗎？哪怕是領有專業執照的心理師，而且還工作十幾年，仍有許多屬於自己的心理議題要面對、要跨越，內心的強度仍有待提升。

所以我鼓起勇氣，情真意切地寫了一段訊息，說明自己想要就讀商學院的原因，再用LINE傳給淡如姐，邀請她擔任我的推薦人，沒想到，淡如姐超爽快就答應！不只如此，淡如姐還相當俠氣地主動幫我牽線，說他們那一屆的班代——正陽國際孫正大總裁很有力，她可以介紹我認識。若孫總同意，或許他也能當我的推薦人！我當下立刻呆掉，而且還左思右想了快一個上午，才能在LINE裡說好。

為什麼會猶豫呢？首先，我跟孫總裁完全不認識，當我上網搜尋他的創業故事、公司規模和背景時，光是那顯赫的資歷就立刻讓我覺得，這根本是完全不同世界的人！心中打退堂鼓的鼓聲已經悄然響起。然而，我再次鼓起勇氣與孫總加

LINE，首先表達對於他早年選擇在戰亂頻仍的中東市場起家，還遠赴中南美從事汽車零件貿易，而有「台灣奇蹟」、「中東王子」之稱的經歷感到相當折服，結果孫總自嘲他已是中東老殘，不以為意。

孫大哥（後來他讓我如此稱呼）要我先將自傳、履歷等資料傳給他看，這很合理，至少也要先看過，才能決定要不要為這個素昧平生的人背書吧！孫大哥看過我的資料，覺得沒問題，就邀請我某一天下午去他家，讓他在推薦信簽名及合照留影（後者是為了證明我們真的認識）。

沒想到這個邀請，又再次讓我心中浮現「什麼！這樣好嗎？」的疑問句。阻止我持續行動，不斷前進的絆腳石持續現形。古有庭訓，女孩子不能去陌生男人的家，不是嗎?!即使我已經年過三十，但要去到陌生男人家，雖然是為了申請台大 EMBA 這樣光明正大的原因，總覺得還是哪裡怪怪的，到底要不要去？我立刻想到，淡如姐不可能害我，而且也沒必要賠上她的聲譽。其次，如果連這點小事我還怕東怕西，我還申請什麼商學院？

我發現自己的內心深處依舊隱隱約約住著一個卒仔。別人看到現在的我好像天生行動力就很強、勇氣和信心十足，殊不知從小習得的那些社會規範和家訓，像是不要相信陌生人等過度防範、天底下沒有白吃的午餐、世界上沒人會平白無故地對你好，他們肯定都是居心叵測等負面信念依然影響著我的思維，束縛著我的行動。

你是不是也跟我一樣，長年被這些無效的信念所綑綁，讓你沒有試看看的勇氣？所謂無效的信念，就是許多對你沒幫助的觀念及思維，它們藏身在我們聽了幾十年、許多耳提面命的教條及觀念裡，就像前面說的，要防範陌生人、沒有人會平白無故對你好等。

想必你也聽過「人生不如意十之八九」這段耳熟能詳，幾乎深信不疑的話。如果不順心、倒楣事占了將近九成，那麼根本是衰到極點。清晨醒來下床時會踢到床腳；換衣服時發現衣服沒乾透；吃完早餐拉肚子；好不容易終於出門時，卻突然下起傾盆大雨，把你的衣服、鞋子和包包都淋濕個徹底，或者是被車撞；好不容易到了公司，又被主管訓斥、被同事排擠……然而我們多數人面臨的狀況應該不是這樣，而是大體上說來都很順遂，也就是**「人生如意十之八九，偶爾不**

順」。信念一轉變，你的心態與行動就會徹底不同。

這些無效的信念讓你不敢嘗試，阻礙你任何真心想做的事。然後多年過去，哀嘆自己一事無成，多麼希望時間能夠重來，你會勇敢去做一次、去相信一次。時時放大順利的事，儘管是看似稀鬆平常的小事，不只能帶來感恩的心情，也能倍增你行動的勇氣。

就在我收到孫大哥的地址時，用 google map 一查，竟然是位在敦化南路上，能夠眺望敦南樹海的知名大廈，而且還是頂樓戶！那天是我人生中第一次踏入豪宅，也第一次看到有人家裡擺放著飼養銀龍的水族缸，顯示為空間夠寬敞。現場還有幾位年齡至少比我大上兩輪的孫大哥友人。他們順口問了，這是誰啊？孫大哥回應：「是淡如的朋友。」然後空氣中接著傳來：「淡如有這麼年輕的朋友啊！」我當下差點大笑出來，但是立刻忍住。他們笑著對我說：「妳確定要讀 EMBA？讀完只能像我們一樣在這裡打麻將。」

回到二〇二五年的此刻，雖然我申請台大 EMBA 的初試結果差三分，沒能進入面試，然而，我卻賺到了豪宅之旅、有趣並深具啟發的故事，並見到大老闆、高階主管們私底下都是如何處事待人。去年從新聞得知孫大哥過世的消息，不由得讓我傷感與緬懷，感謝能在平凡的生命裡結識到這麼厲害、幽默又豪爽之人。

將注意力集中在自己的成就，而非反面，就能存夠勇氣

當我要跨出申請商學院的那一步時，需要盤點自己的資歷，而且是非科班的資歷，光是這一點就讓人欲振乏力、信心全失。然而我所做的，就是盡可能地將注意力放在自己目前的成果，盡量列出來，而不是只有看到自己有待加強的部分。當你更多地聚焦在自己的優點及成就，就能時時為自己存夠付諸行動的勇氣，十倍放大你做任何事的信心。

就像撰寫履歷一樣，你**平時就要將你的優點、能力與成就列出一張單子**。**有意識地去提醒自己，你目前已經達成的成就，再小也沒關係**。這麼做的用意，是為了把你的注意力從問題點拉開，重新將意識、能量聚焦在好的地方，這樣就能

存夠勇氣、累積對自己的信心，也會更有嘗試、前進的動力。

也因為你存夠勇氣，才能在多數人都還在左顧右盼、猶豫不決時，走在最前面；不在意身後是不是有人跟，行動的過程是不是有人陪。那些曾在我生命中幫我一把的人，他們不只擁有強大的內心，也有熱情豪爽、溫暖及友善的一面。這也讓我看見，我們總是戒慎恐懼，認為沒有人會幫助自己；其實多的是樂於助人的人，等著你持續行動而遇見。

現在就這樣行動：列出你的優點清單

這裡的重點是，**千萬不要過度謙虛**，可以是你的自評、曾經有人這麼對你說過；也可以請教你的家人、好友、同事、主管……任何你能親自開口詢問的人。或者從今天起，在生活中留心、蒐集別人對你的回饋，不要輕忽任何一句話，它們都能幫助你更加認識自己的優點，甚至也是生命轉變的起點。

例如：

1. 我是很認真的人。
2. 我是很善解人意的人。
3. 我是能言善道、擅長口語表達的人。
4. 我是很能鼓舞人心的人。
5. 我是觀察力敏銳的人。
6. 我是很體貼、細心的人。
7. 我是很擅長色彩搭配、空間配置的人。

8. 我是很懂得察言觀色的人。
9. 我是很擅長整合資料、發現重點的人。
10. 我是味覺很敏銳的人。
11. 我是很擅長料理、繪畫、寫作、任何運動的人。
12. 我是柔軟度、肌耐力很好的人。

現在就這樣行動：列出你的成就清單

請將你從小到大，從學生時期到出社會的任何成就，列成清單。

相較於優點，成就更加具體。這裡的重點同樣是**不要過度謙虛**，不需要榮獲十大傑出青年才能算是成就。可以是你答應自己要去做的事，確實做到了；或者是你考取過的執照、證照、你的付出成果等。

無論優點清單或成就清單，請**專注在你的成就**、**優點**、**進步及做得正確的事**，而不是任何做不好、沒做到、退步或做錯的事；不要因為求好心切，而去強調你以為的失敗及缺點。記得覺察你的注意力焦點。

例如：

1. 我答應自己要開始跑步，每次四公里，一週五次，我已經連續跑了三個月。
2. 我考到○○師的執照。
3. 我完成日語N5的學習課程。
4. 我完成登上玉山。

5. 我完成獨自出國旅行，不再依賴旅行社代辦或別人。
6. 我開始執行一進一出的購物方式，不再衝動消費。
7. 我開始建立閱讀習慣，每天閱讀五到十頁。
8. 我幫助別人學會他想學習的項目。
9. 我協助別人實現他的計畫和夢想。
10. 我是爸媽心中的驕傲、我是朋友眼中值得信賴的人。

2-4

感恩的力量讓你不再負傷前行，全力以赴，活出自己

內心強度足夠的人，其內核都有一個聽起來很平凡，實則很關鍵的心理狀態，那就是「感恩」。為什麼呢？因為感恩可以讓一個人聚焦在好事，讓自己保有正向情緒、平和穩定。**情緒就是能量，**能量飽滿、精力充沛能使人專注地把事情做好不說，還能在相同時間內，品質不降低的前提下，完成更多的事。你可以發現，當一個人陷入熱戀時，就是如此。明明中午沒吃飯，下午工作時依舊充滿幹勁，就算被老闆或客戶刁難，烏雲也能一下子就散去。以前的他多半會在群組裡、茶水間跟同事頻頻抱怨，感情甜蜜時卻能瞬間心情放晴。

與其說是戀愛的魔力，倒不如說是情緒能量的推動力。而**情緒能量的最好來源，就是感恩的情緒**。

感恩是情緒能量的最好來源

高中同學也是多年好友人傑曾經對我說：「每當我閱讀妳的文章時，經常看到妳感恩的心情。」我所感謝的，不只是在我出書以來，提攜、指點及幫助我的貴人，還有一路走來默默支持著我的好友與家人。尤其，我也感恩曾經讓我心碎的人，感念的不是他的背叛，這樣的感謝太不分青紅皂白，也過於鄉愿；我真正感謝的，是曾經有過的幸福時光，這些快樂美好的回憶，是因為有對方當時的付出與陪伴才得以實現。

記得我出第一本書的二〇一九年。就像許多剛入新手村的作者一樣，出書後會開始收到廣播、Podcast、電視通告與演講等專訪邀約。然而我竟然在出書的第一年，還沒沒無聞時，就受邀到廣達演講。記得我在打開e-mail信箱，看到邀請信時，內心不敢置信卻又五味雜陳。不敢相信的是，這可是大企業，再怎麼說我也是初出茅廬，至少等到出了好幾本，知名度打開後，才可能收到這種等級的邀請吧！

五味雜陳的才是重點。廣達正是我前夫任職的公司，果然真實的人生比戲劇更加戲劇化。我把收到廣達演講邀請的這件事，分享在比較沒有人看的IG。對我來說，那是我的祕密花園，也比較少打擾。好友們看到也跟著激動，當時我正在猶豫要去演講，還是不去演講。後來我依舊牙根一咬，我去！畢竟這可是能夠為新書宣傳的機會，除了講師費，企業還會購書一百本送給員工，不去實在太可惜了。也能因此舊地重遊，只是多年前我的身分是員工眷屬，如今我的身分是講師，一整個景物依舊，人事已非。

然而正是這趟企業演講，我才有機會見到離婚後就不曾再見過的前夫，從而帶來更多的和解與善解。

那時我為了敬業，專注於演講品質及表現，避免情緒波動可能帶來的影響，我刻意不在演講前聯繫，等到演講結束，才打電話給前夫，我告訴他剛才在他公司完成演講，若是他正好有空，看要不要順便見個面，沒空也無妨，反正就隨緣。他當然知道前妻今天大駕光臨，一接起我的電話，立刻說好，也讓牽起善緣的小天使，他的同事怡菱直呼：「為什麼我三催四請邀老闆來聽，他都不來。姐姐的一通電話他就答應了?!」開玩笑，我是誰？我可是「最恐怖」的前妻呢！

正是這相隔四年多的相見，有機會把埋藏在各自心中的許多話說出來，不只帶來更多的和解，也讓我對於人性與生命有更豐富、深刻的理解。

睽違多年的碰面，自然是有說不完的話。他的外型沒什麼變，而我的人生卻開始起了大幅轉變。除了關心彼此的近況和家人，最有趣、最感人的發現，是前夫去《新聞挖哇哇》的討論區留言。記得在出書的第三天，我就上了《新聞挖哇》，主持人鄭弘儀大哥問到我離婚的原因，我刻意迴避，不明白回答。因為我不希望前夫成為眾矢之的，尤其他的家人多麼無辜，可能會因此受到牽連。沒想到，我基於善意的保護舉動，卻招來酸民的攻擊。那時就有網友評論我的口語表達能力很差，連離婚的理由都說不清楚。所以前夫去《新聞挖哇哇》討論區幫我說話，大概他親身領教過我八年來的伶牙俐齒，對於酸民的認知實在無法苟同。

我聽到的當下，只差沒有拍桌大笑！不愧是今生第一個登記在配偶欄的人，只是從男友變成丈夫、丈夫變成前夫，還有如今的鐵粉。

別人傷害你，心中的愧疚總是開不了口

我在前書曾寫到，要一個人親口道歉很難。許多人心中的對不起總是因為面子等各種原因說不出口，無法讓被傷害的人提早釋懷，也讓傷人者長年背負著無形的罪惡感。願意面對的人能在有生之年，尤其是「更早」的有生之年好好談開。前夫背叛了婚姻，他內心深處的愧疚感我自然是知道的，我也益發體會到，自己的人生就彷彿縮時電影，許多事都提早發生、讓我遇到及學習。感謝演講的機緣讓我和他提早重逢，而不是等到臨終前或告別式上和解，學著從更高角度的善，來理解人間。

你的心中是不是也有著傷害過你、卻遲遲沒有對你表示抱歉，總是讓你負向惦念的人呢？我們都要學著不再只看行為的表面，也給予各自更多的時間，就能等到善解的機緣。

《白寶書》①提到：「過去對於現在的唯一意義，是你已經學到了能從中學習到的一切。」這段話多麼醍醐灌頂！也是懂得感恩，不再負傷前行的根基。當你能從過往傷害徹底學到了，過去對於你就是生命的一部分，而不是一長串的恨與怨，無時無刻地啃噬著你，甚至是拖垮你，也因為你學到了，所以你進化、升級了，你不再是1.0版本的自己。

與前夫聊著聊著，我打趣地說道，你把洪培芸推出來送給這個社會了。因為我的個性偏內向，一直以來都嚮往閒雲野鶴般的生活，不愛拋頭露面，更不曾有雄心壯志，揚名立萬從來不是我的追求。

如果說婚姻結束有什麼好感傷的，就是離婚讓我深刻體會到有常生命中的「無常」，以及「所有陪伴你走過一段的人，都是功成身退」。其實我很早就思索過，如果一定要遇到重大打擊才走上生命轉彎之路，例如出書，幸好那個因緣是遭遇背叛，而不是喪偶。因為後者可能會讓我更難走出來，陷入低潮更長時間。

感恩讓你聚焦在曾經好的、對方待你好的部分

這樣的態度我也用在所有關係上，原生家庭、朋友、同事等，學著看到並

感謝對方有過的付出，持續餵養你心中那匹良善的狼。美國作家亨利大衛・梭羅（Henry David Thoreau）說：「良善是唯一不會失敗的投資。（Goodness is the only investment that never fails.）」我深刻有感。

我們都知道感恩很重要，然而卻不容易做到。感恩難以發揮力量，是因為我們傾向把順境、把別人對我們的好預設為理所應當，並且習以為常。一旦得不到或失去了，就會陷入憤怒的情緒，才會有由愛生恨、以前有多愛，現在就有多恨的說法。然而這樣不是很冤嗎？從來不曾得到過，就無所謂後來的失去。所以一直求之不得比較好？相信很多人就會搖頭了。

要讓感恩發揮作用，你需要有意識地去放大感恩的力量。也就是聚焦並放大別人對你的好、別人曾給過你的恩惠，哪怕後來別人將對你的好、對你的愛收回都不要去怨恨，尤其是因此對對方的感覺加倍扣分。

放大感恩的力量，讓你的心頭不再有沉甸甸的負累，不再有內在黑洞在洩能，內心強度也能因此守住、進而提升。常懷感恩的心，累積正向的情緒能量，全力以赴活出自己，也影響往後許多人的人生。

現在就這樣行動

試著回想傷害過你的人，有什麼可以感謝的部分？

好比爸媽曾經阻礙你選擇科系、工作的自由，讓當時的你不好受，然而他們卻也供應你從小到大的衣食充足、有得居住，這是他們的付出。如果你確實找不到，抑或是暫時做不到，那也沒關係，你就「**感謝你自己**」。感謝此刻的你願意閱讀手上這本書、感謝你願意持續行動來改寫自己的人生，活出最好的可能。

注①：《白寶書》為靈性領域名著，包含宇宙教義的傳導資料。

2-5

保持沉著，默默地完成進化，家人不再是你的軟肋

許多人的內心有著隱形的破口，一旦被輕輕碰觸、按壓就會感到不舒服，別人的幾句話就彷彿在對你的傷口撒鹽，一秒鐘就讓你怒氣高升，甚至痛到立刻淚流。原本你一鼓作氣、想要去的事就沒做了，能夠化為行動的能量都散失掉了。

在我們的生命中，最能夠有效達成一句話就讓你萬箭穿心、一張反對票就足以讓你懷疑自己的人，莫過於最親近的家人，也就是父母和伴侶。

我們都希望做任何事的時候能有身邊的人支持，不希望他們反對、跟你唱反調，唱衰你，甚至是威脅你，我也一樣。一路走來我持續體會到，原生家庭往往就是最初的障礙、最大的考驗；然而當你過關了，家人就不再是你的軟肋，反而能夠成為你最堅固的支持與後盾。

很多人看到現在的我，通常會有一個美好的幻想，也是心理學所稱的「投射」，那就是我肯定出生於和樂融融、父慈母愛的家庭，這真是天大的誤解。若真如此，我恐怕就沒有這麼多故事可以說了，也無從體會。這也是我在許多人身上看到的問題：**只擷取別人片段的人生，就腦補出其他細節，把旁人的生命故事想的過度美好，反而失去從中參照、化為己用的機會，進而深挖出屬於自己的力量**。

有些人以為我從小到大，學過鋼琴、長笛、烏克麗麗、大提琴等樂器（後兩者只摸索過一段時間，如今幾乎忘光），肯定是出生在書香世家般、父母尊重孩子並善於溝通的環境。殊不知我兒時學習的心情，是曾經想要放火燒掉鋼琴。我跟多數人一樣都籠罩在升學壓力下，背負著很多有形、無形的期許。同學們都可以看電視，然而平日晚間我卻必須練鋼琴，記得小學的某一天，我被媽媽逼著練琴，讓我開始幻想著要是沒有這台鋼琴就好了，那就不用練習，也不用犧牲許多樂趣。

如果你我年紀相仿，肯定記得當時最有名的八點檔《浴火鳳凰》。年幼的我多想光明正大看電視，甚至喜歡如今看起來一點也不可愛、甚至有點恐怖的「嗶波」，然而我卻只能偷偷地將電視音量轉到靜音，一邊練琴，一邊偷看電視。

就在我學到國小五年級，一次就通過鋼琴七級檢定（河合體制六級就是鋼琴老師資格，但須年滿十八歲才能應考。）這樣的成績在外人眼中看起來很優異，我卻覺得自己的童年時光一片慘綠，也跟父母產生不少爭執。有趣的是這些要求並沒有比照辦理地發生在我哥身上，因為哥哥似乎就是學不起來，所以爸媽對於他的態度就是算了，不要逼他，其他學習項目也大同小異。所以我曾說：「別人家是望子成龍，望女成鳳；我們家卻是望女成龍成鳳，望子健康即可。」

成長過程中，這些與父母無法溝通的要求、壓力甚至接近控制，讓我渴望自由、追求自主的心更加熾熱，燃燒在心底並持續升溫。心中不時飄過，假以時日，我一定要離家。你是不是也有著這樣的念頭？你覺得父母、伴侶都不了解你。這也讓我明白，並不是生你養你，或者是長年生活在一起的人，就最能夠理解你，並給予你支持。

就連我發生婚變，都是等到在林口戶政事務所辦好離婚手續，才告知我那傳統、保守又固執的父親。早年的生命經驗讓我觀察並深刻體會到，**不要自造阻力**。這是許多人不明白的，或是縱使知道，也時常沒做到的關鍵要事。

《通往財富自由之路》的作者李笑來在〈後記：如何成為一個更幸福的人〉寫到：「呵護你的希望，默默地完成進化。」也是同一件事。多數人都一樣，如果自己有什麼想做的事、希望成就的目標，都會忍不住告訴家人，希望能在第一時間得到家人的理解和支持，這是人性，無可厚非。然而，除非家人都能懂你，他們擁有豐富的生命經驗，有足夠的心理強度支持你，否則你得到的往往都是反效果，被潑了一大盆冷水不說，還成為反對你的最強阻力。所以，如果你總是巴不得尋求家人的理解，你必須足夠了解你的家人，才知道他們將會是你的助力，還是阻力，進而決定自己要不要耐住性子，十倍沉著，默默前進。

不僅是我自己的親身經驗，作為心理師，我看過太多父母對孩子過度關心，變成了試圖控制。父母的出發點其實是愛，然而也夾雜著許多恐懼，所以化為對孩子的各種擔憂，表現在看似威脅的控制。像是兒女想要換工作、被公司外派到父母認知中不夠安全的國家，甚至是子女想要創業……一律反對甚至唱衰。有多少父母會鼓勵自己的兒女創業當老闆？這也是我閱讀《大局》時的深刻感悟之一，傳奇台商、本書作者黃文局在兒子大學畢業時，給予兒子三個忠告。放在首位的忠告就是「一定要自己當老闆。」從小到大，我不曾從父母的口中聽過這句話。我在二〇二二年讀到這段時，真是相見不恨晚。

對於生命經驗相對單調、觀念保守的傳統父母而言，孩子若是出事，他們是無能為力的。即使孩子早已成人，在社會歷練多年，白頭髮也長出好幾根，父母依舊把孩子當成孩子，無法對孩子的人生放手。**其實父母需要做的，就是給予祝福。**

想要發展自己，需要沉著帶來的突破

你可以發現，如果你的生命不存在這些衝突，就無從看見，而且是清清楚楚地看懂讓自己反覆受傷、受困的卡點是什麼，像是渴望有人懂，把自己行動的力量寄託在家人的認同。然而，反覆尋求認同卻不得，就會更加受傷，也更失去力量；**沒有看見這時候的你，需要做的是沉著，用自我肯定而非外在肯定的方式為內心加油。**

放大沉著的作法：當你渴望跟家人、朋友這些親近的人分享，內心出現這股衝動時，請記得停、看、聽，先停下原本要脫口而出的話，先回想家人過往的反應通常是什麼？是唱衰多、批評多、說風涼話多，還是鼓勵多、肯定多或支持多。我們並不是要家人給予盲目的鼓勵，覺得這才是家人愛我們的證明，而是我們要有後設認知的眼光，就好像你能站在高處俯瞰自己的思考及可能的發展，知道自己是不是又在無意識地製造出阻礙自己的力量，例如以前明明常被爸媽冷嘲熱諷，告訴兄弟姊妹一定會被洩密……但還是沒學會沉著，保持冷靜。**如果你真的很想說、很需要抒發或需要建議，請有意識地找你生命中前三名具有智慧及遠見的朋友。**

也因為你能夠放大沉著，看待任何事情的時候，就能夠看得更加深層，而不會只看到淺層，好比你開始能夠從了解與體諒的角度，去看懂父母阻饒的背後心理成因，你就會堅持自己的行動，也能釋懷許多。

回顧一路走來面對父母的態度，就是多數時間，陽奉陰違；必要時刻，先斬後奏。默默地做自己想做的事，走自己真心想走的路，等到大功告成再一舉昭告天下，讓他們知道。

當年被逼迫練鋼琴，難道都只有負面的意義？當然不，它讓我閒暇時能彈琴自娛，帶來更早接觸到藝術的機會，這都要感謝我的父母親。

正是這樣的經歷，讓我看到沉著的重要性。在提升內心強度、實現目標的過程中，我們都要學著耐得住性子，**Hold 住你想要開口告訴別人的衝動。你要保持沉著，才能秉住氣，不要自動製造、招引更多原本不會出現的阻力，來削減你前進的動力與決心**。你的沉著、你的努力，你走過的每一步都不會白費。正所謂「日拱一卒無有盡，功不唐捐終入海」。

默默地完成進化，你的內心會更加茁壯。最終，家人不再是你的軟肋，他們也會樂見你的堅持，帶來生命的發熱發亮。

Action 3

認識自己的開關

融合「已知」與「未知」的自己，
化爲無窮的力量。

3-1

出類拔萃，需要深度認識自己，活出本來的面目

查理．蒙格（Charlie Munger）認為，「如果你真的想在某個領域出人頭地，你必須擁有強烈的興趣。」換言之，**你必須深入認識你自己，足夠認識你自己**。什麼是你的興趣？而且是高度、強烈的興趣，能夠讓你在不論報酬的前提下，就願意去做，在進行這些事的過程中，讓你投入到廢寢忘食。

不只是興趣，還有認識你的天賦。什麼是與生俱來的天賦？與多數人投入同等努力的前提下，你就能做得比較好的事，不是事倍功半，而是事半功倍的領域；也是你投入更多的鑽研與練習，就會發光發熱到被人看見。

成為心理師，進入醫院全職工作的第三年，工作與職場關係看似很平順，然而我對於全職工作的無法自主、沒有自由，隱約已有不耐與騷動；但是當時我並

沒有捉住感覺的線索，進而深入自問，更別說付諸改變的行動。就在當時發生兩件性命攸關的事，都是交通事故，如今回想是靈魂的提醒！提醒我那停滯不前、沒有發揮創造力的人生應該主動調整，我的職業生涯應該微調、改變甚至大轉變。

第一次，是清晨騎車上班途中，被後面的汽車擦撞倒地，幸好小腿的傷口不深，但我當下已經嚇壞了！

第二次車禍更加戲劇性。下班途中我中規中矩地騎車下山，因為山路狹小而蜿蜒，所以我極度靠右，心想這肯定安全！不料竟被一輛開在路中間的汽車撞了，我直接被撞到跌落水溝，去醫院照了X光，發現尾椎骨有裂開的跡象，讓我將近一個月的時間無法正常坐臥。在體恤同仁的科室主任跟院長爭取下，我「意外」得到工傷假一個月在家好好休養。

然而當時的我渾然不覺這些交通意外有什麼重要意義或啟示，更沒有對當時的職業生涯有任何深入的反思，像是我該轉換跑道嗎？該改變工作型態嗎？現在的工作模式真的適合我嗎？是不是還有其他的可能性，需要我付諸行動、大量嘗試？反而是在離婚後，接觸到靈性的學習，那時我已經離開全職醫院工作七年多，也開始寫作一段時間了，才有「我的生命到底在提醒我什麼？」「**靈魂、內在自己、高我或大我到底想要透過這些『看似』不幸、倒楣的事件傳遞給我什麼訊息**？」這些想法，這些全新的洞見，徹底開啟我看待事件煥然一新的思維，引發後續不同的因應與行動。

如果是你，**你會怎麼詮釋生命中「看似」不幸的各種意外事件**？又會有哪些後續的行為？

沒有被充分開發、深入挖掘、廣泛運用的各種興趣

藝術與人文是我的高度興趣。從小到大，我對於與人相關的主題，對於與人分享，都有著強烈的好奇心與熱情。不只是主動學過的各種才藝，碩士班期間會去學校旁的二輪片戲院連續看好幾部電影，作為休閒；進入職場後為了影展而用掉特休；前往日本宇治旅行時，重點不是只有美味的抹茶冰淇淋，而是能造訪源

氏物語博物館一探究竟，國中時閱讀《源氏物語》漫畫，高中時閱讀原著，到後來成為旅行的目的地。

當興趣結合天賦，驚喜一再發生

直到開始寫作，才將看電影的「興趣」和寫作的「天賦」結合在一起。我寫了好幾篇文章，都是以電影為題。像是《解憂雜貨店》、《我和我的冠軍女兒》、《消失的情人節》、《親愛的房客》、《本來面目：聖嚴法師紀實電影》、《配樂大師顏尼歐》……都是寫作的養分。這些文章觸動人心，引發許多網友共鳴。

這些點點滴滴、蛛絲馬跡都在時時刻刻、若隱若現地告訴你，**你的興趣可以不只是興趣，你早已內建的天賦一直都在呼喚你覺醒**。興趣不只是用來打發時間，不是下班、周末假日沒事做，所以用來把時間填滿的事，而是你能夠進一步運用，結合你的天賦，達成共好、利他的效果。

了解自己的興趣與天賦，正是「本來面目」的深意。每個人的天賦、興趣、特質甚至是天命各不相同，別人的想法、做法和經歷，都可以用來參考，幫助你腦力激盪，但不一定能完全套用。

如同艾克哈特．托勒（Eckhart Tolle）在《當下的力量》裡，發人深省的故事。有一位乞丐坐在路邊行乞三十多年。某天乞丐對經過的路人說：「施捨點錢吧！」並機械性地伸出手中的老舊帽子。

路人說：「我沒有什麼可以給你的。」然而，路人接著問：「你坐著的那個東西是什麼呢？」

乞丐回答：，「沒什麼特別的」，並繼續說：「它只是個舊箱子。我坐著它，都不知道有多少年了。」

路人好奇地問：「你曾經打開看過嗎？」

乞丐回答：「沒有，何必多此一舉？」

路人堅持地說：「你就打開看看嘛。」

這時乞丐才心不甘情不願地打開箱蓋，沒想到箱子裡堆滿了珠寶與黃金。

這個故事的意思是，**「你所擁有的，其實遠遠大於你所知道的。」**我們都是坐在寶山而不自知，我們都是身懷鉅款，卻以為自己很貧窮。換言之，**你的天賦、特質和興趣……有待你深入挖掘，再加上後天不斷地磨練**，你才能運用這些與生俱來、價值連城的天賦珍寶。

我也是直到這幾年，才益發體會到對工作、對人生的熱情。我喜歡工作，也喜歡有事做，但不愛繁文縟節、行政流程等；我也很肯定，我的興趣絕不是無止盡地寫紀錄與趕報告，以及人生一眼就能看到盡頭。

二〇二四年我前往台北101的双融域（AMBI SPACE ONE）觀賞《Re：江賢二數位冥想．江賢二光影沈浸展》，有句話深深觸動了我。

「不管我畫什麼主題，都會有光，有希望在裡面。」

找到你的興趣與天賦，那是你與生俱來的寶藏，你就會活出你的光，看到生命的希望；進而不虛此生，不負此行。

現在就這樣行動

興趣不只是興趣，天賦也不只是天賦，它們是幫助你活出最好可能的指引。

興趣：自動自發，沒有人邀請、催促或逼迫就會去做、想要去嘗試的事。好比看到旅遊美食頻道播出如何製作巧克力布朗尼的節目，立刻躍躍欲試，想去採購巧克力塊、麵粉、雞蛋等原料來做做看。

天賦：從小到大有哪些相較於同學、同儕及身邊所有人，你做得相對好、特別好的事，請你回顧並整理出來。回想的過程請不要過度謙虛，才能指認出來，可能是朋友、師長曾經稱讚過的事。

找出來後，試著想想它們的程度可以怎麼進一步提升？透過實體或線上課、一對一家教、閱讀相關書籍等各種方式，幫助自己進步。同時，讓你的興趣與天賦有被看見的機會。更好的方式是，結合利他的思維，將能幫助你找到更多運用的方向、盡情發揮的地方。

3-2

持續觀察、高度覺察，找出最適合你的能量運作模式

自從出書以後，我也開始經營粉專，不只是分享臨床心理師對於心理健康議題的知識及觀點，也會分享我個人的生活層面。還有陸陸續續上了不少節目，最多人對我感到好奇，甚至是驚奇的第一名問題就是：「妳都是幾點起床？幾點睡覺？」這幾乎成了所謂的月經文，三不五時就會有人發問，讓我回答到覺得好笑又有點累，甚至想過乾脆寫一篇作為粉絲專頁的置頂文章！

「超級晨型人」已經成為洪培芸的標籤之一。不只是晨型人，而且是超級的等級。現在的我通常都是清晨四點左右就會睡醒，起床後先刷牙洗臉，接著就開始閱讀一到兩小時，再出門練習瑜珈，然後盥洗和著裝。完成這些「重要但不緊急的事」的時間通常會落在早上八點半之前。當然，我會依照當天的狀態、工作

行程進行細部的調整。如果比較疲憊，也會允許自己多睡十分鐘；如果提早充飽電，三點多起床也有可能。總之，以從容的節奏、愉悅和穩定的情緒狀態，面對所有即將相遇的人，迎接一整天的工作與挑戰。

從不間斷的行動中找出能量運作模式

著名投資人，也是巴菲特的良師益友查理・蒙格曾說：「複利的第一法則：絕不無故中斷。」（The first rule of compounding: Never interrupt it unnecessarily.）

許多人聯想到與複利相關的，就是投資。然而，對我而言更重要的，是好習慣的持續與堅持，沒有重大事件、意外或特殊原因，不會輕易中斷。

對我而言，晨起閱讀的行動與好習慣並非天生就有。我也是一步一步不斷地修正與調整，才找到最適合的能量運作模式。回想大學時期，我跟許多人一樣熱衷於社團活動，也曾一群人玩到天亮才回宿舍睡覺，等到睡飽醒來都日上三竿了。記得有次醒來還相當慌亂自責，感覺一天已被我睡過了一半，但接下來依舊故我，有好玩的夜遊活動依舊參與，玩到天明或累到不行。二十多年前的我根本跟超級晨型人沾不上邊呢！

這也是多數人都會有的盲點，我們時常只看到這個人現在這樣活，而不是看到他一路走來的碰壁、轉變及調整。所以時常誤以為你所羨慕、欣賞的人跟自己的差距很遙遠，因而自慚形穢，甚至以為自己的人生沒有進化、變好的可能。

後來為了從社會學系考上心理學研究所，我開始認真讀書，一改先前將心力幾乎都投入社團、不時玩樂的作風。因為大三下學期才覺醒要更換跑道，所以大四上學期開始從內壢通車到台北補習，這時尚未進入超級晨型人的模式。因為當時錄取名額少，所以我其實有重考的心理準備，沒想到第一次就成功跨考進入隸屬理學院的心理系所了。

從晨型人進化到超級晨型人

進入中原心理所之後，我幾乎都是清晨五點多起床，先去運動像是慢跑或晨泳，接著去研究室報到，在安靜無擾的時間裡，閱讀大量燒腦的國外文獻，梳理自己要做的研究主題及蒐集資料。看到這裡，你可能以為當時的我已經是先知，明白早睡早起的好，知道晨型人最適合自己的能量運作，其實當年只是歪打正著。

畢業後開始成為上班族，每天清晨醒來就是趕赴醫院上班，看書都是安排在下班後或周末假日。如今回想，當時的閱讀理解品質、閱讀後轉化成行動的力量遠不如現在好。直到經歷婚變，出現嚴重失眠到康復，乃至於出書後，我才進入到有意識地早睡、早起的作息模式。

我觀察到自己需要非常安靜的環境，才能夠進入深度思考；我也很需要打造一個彷彿壇城般的空間，來進行思考、聯想、靈感的融合與創作。

了解你的能量運作模式

你有沒有觀察到自己在一整天的不同時段中，意志力、專注力、敏捷思考的能力及情緒都各有不同？像是我覺察到自己在清晨時段的狀態特別好，不只因為睡醒、充飽電了，還有破曉前的萬籟俱寂能讓我心情保持平靜，而**平靜有助於專注**。早上醒來時的意志力也相對旺盛，還沒有被許多事務給消耗殆盡。許多名人都在清晨外出跑步，也是這個道理。我也發現當我在結束一整天的工作後，傍晚時分才去運動，往往容易選擇放棄、開始尋找各種今天不適合運動的理由。你也曾經這樣嗎？其實不是你懶惰，而是你真的累了，能量消耗光了。

越是艱澀難懂的書，越要放在清晨讀

不只是清晨，我也會運用每天的零碎片段繼續讀書，然而最重要的原則就是越是艱難的書，越要安排在能夠靜下心、能好好咀嚼與思考的時段來讀。若是下午、搭車……相對疲累、嘈雜的空檔，我會讀熟悉領域、容易掌握或休閒、娛樂

性質較高的書。

為什麼安排在清晨閱讀這麼重要？因為清晨相對靜謐，能夠專注，不只雜訊少，也是靈感湧入的黃金時光！所謂「眾人皆睡我獨醒」，此時沒有人能讓你分心、跟你聊天，注意力也不會分散到其他事。像是這幾年我才開始涉獵新時代的浩瀚知見，抑或是投資理財及房地產領域，剛接觸這些對我彷彿有字天書般的內容，我都安排在清晨時光閱讀，才能讀得下，也能讀得懂；等到這個領域掌握到一定程度後，才安排到一天當中的零碎時光來讀。

如果你是貓頭鷹，就不用勉強自己變成晨型人。每個人都是獨一無二，不會相同，換言之，每個人的能量運作模式都不同。仔細觀察你自己的生理反應與日常表現，傾聽自己的內心聲音，打造出最適合你的方式。武俠小說裡有無數套拳法，你要整合、萃取出最適合你的無敵組合拳，而不是將別人的做法直接套在自己身上，沒有經過篩選、重新排列與消化。

請持續探索和實驗，找到最適合的能量運作模式。

正是這恢復單身的八年來，我在「清晨閱讀」乘以「艱難好書」上，絕不無故中斷，才打造出今時今日的我。

《巴坦加里的瑜珈經》也告訴我們，瑜珈就是在「堅持」與「不執著」的兩端中練習。這帶給我在靈心身平衡上的莫大提醒。若我感到身體不適，就立刻休息而不是過分勉強自己，像是今天必須達到多少的閱讀量、完成哪些事都可以放下；但是狀態良好的時候，就火力全開、全速狂奔地堅持。

邀請你深入認識自己，一起活出持續行動、成長與蛻變的複利效應。

現在就這樣行動

你有什麼很想要建立的好習慣、希望付諸行動的事一直放在心上，遲遲沒有去做？

邀請你現在、立刻、馬上拿筆寫下。寫下來的用意，是幫助你開始為自己定錨。接下來的你會開始朝著這個好習慣去建立它、修正它並實踐它。

你在閱讀這本書時不要讀太快，**不用急著去翻下一頁，**而是把現在得到的觀點及收穫，立刻化為行動。

3-3

從別人的回饋，蒐集並融合出你的天賦特質

為什麼「持續」「深入」認識自己會這麼重要呢？因為，你才會看見那些早就在你身上的優點與潛力，透過專注地、不斷地打磨，讓它們成為伴隨你闖蕩人生的實力、即戰力和武器。

心靈科學先驅，也是醫師、作家的喬．迪斯本札在《開啟你的驚人天賦》提到：「注意力在哪裡，能量就在哪裡。」我們時常不自覺地淪於自動化模式，多數人早上醒來的第一件事就是打開手機，看看親友昨晚在社群發了什麼動態；抑或是打開電視，知道社會又發生什麼事，注意力和能量不斷向外流洩與分散，鮮少有人能保持高度覺知，將能量投注於自己的內在世界，探索自己的想法與感受，好好跟自己在一起。

最重要的是，你保留多少時間、能量用來認識自己，進而強化自己的天賦與潛力、大幅改變生活及未來格局。

興趣之所在，往往也是天賦之所在

從小到大，我對於人文、藝術、社會領域就是特別感興趣，對於體育和運動項目則是毫無興致，表現上也是肉腳。不擅長任何運動項目，肌耐力、柔軟度也都差人一截。但凡體育課時間，都是才剛敲上課鐘，內心就等著下課，同學們在打球，我則是待在樹蔭下跟女同學乘涼聊天。

然而，說起閱讀課外書，我則是興致蓬勃、自動自發，不用家人督促，國小時期就會拿《紅樓夢》原著來翻閱，將「苦絳珠魂歸離恨天，病神瑛淚灑相思地」這些章回名稱背得滾瓜爛熟。雖然小小年紀的我對於內容、人物間的愛恨情仇理解不多，但就是受到這些優美詞藻所深深吸引。

善用他力，借力使力，了解自己

想要了解自己的天賦，除了憑藉自己的觀察及感覺，還可以**善用他人的回饋，透過別人與你的互動，進而得知自己在他人心中，有哪些專長與優點。**

身為大學聯考的倒數第二屆，一試定終身是那個時代眾多學子的莫大壓力，當時除了聯考還有推甄、申請入學這兩項管道，能幫助你提前確定入學。所以剛升上高三時，所有人都如火如荼地研究自己感興趣的校系、準備相關資料，希望提前考上，就能免於全國聯考與各地高手背水一戰的廝殺，壓力也能提早減輕。

焦頭爛額的準備過程中，同班同學好友育瑋將她的自傳初稿拿給我，希望我能夠幫她修改，身為好友當然是兩肋插刀，在所不辭。還記得當時大刀闊斧地改寫，沒在客氣，還針對她的名字「瑋有美玉之意」做了一番延伸。

另一位高中好友姿妤也不惶多讓。她在大學推甄的作文題目〈影響我最深的人〉寫了洪培芸。一般人都是寫名留青史的偉人，不然也是寫老師。怎麼會寫同班同學呢？原因是我將西蒙波娃的《第二性》介紹給同樣熱愛閱讀的她，帶來了啟發。

從同學互動中，就能發現她們早已看見我的強項，這也體現在她們對我的信任與欣賞。多年來我一直跟高中好友保持聯繫，出書後提起這些往事。育瑋說了一段讓我相當感動的話。她說：「比起相信自己，我更相信妳。」其實她客氣又謙虛。但是她在這麼多年前，就對我由衷看好與肯定，也引出一個所有人都適用的靈魂拷問，貫穿一生的議題：

如果別人都這麼相信你了，為什麼你還要懷疑自己？

誠然，不是每一個別人，或身邊的所有人都能看好你，但那不妨礙你認識自己，更不阻止你前進。**只要有一個人稱讚你，肯定你，那麼你絕對不能錯過這個線索，而是要牢牢握緊，讓它持續發酵、醞釀在心底**。如果要等到周遭所有人給我肯定，沒有任何看衰與否定，那麼我肯定連第一篇文章都寫不出來，也虛耗在無止盡地自我懷疑和精神內耗裡。

二十多年過去，好朋友們都比我更早看見我的天賦、發現我的特質。

換言之，你身邊一定也早有人看見你內在的天賦、潛能與特質，他們可能是你的同學、朋友、父母或老師，在日常相處中，**一句稱讚、一句肯定、一句邀請……**都象徵著你的天賦、特質正在發光的訊號。

天賦被別人看見了，自己卻渾然不知，就如同當年的我一樣，往往沒有看懂別人對你的欣賞與肯定，都是一種指引。或者，**你太過專注於自己沒有的特質，以至於對於自己擁有的、若隱若現的天賦視而不見**。別人的肯定是指引，然而隨著你的內心強度提升，會明白別人的讚賞是在錦上添花，你的價值不再需要別人的認可和蓋章。

終其一生了解自己，才不會提早放棄

如果不是越來越明白天賦所在，我可能會輸給焦慮、恐懼和家人反對，去找一份全職工作，讓自己從事每個月五號有一筆固定薪水進帳的工作，過著看似有保障、相對安穩的生活。早先父親對於我當行動心理師多處兼職，不去找一份全職工作頗有微詞。對於傳統保守、任勞任怨的上一代而言，工作就等於當人員工、拿人薪水，創業不會是一種選擇。然而隨著時代變遷，科技越來越發達，創業不必然和成立公司劃上等號，已有一人公司、在家工作、多元斜槓、數位游牧等越來越多的全新工作型態，是以前沒有的產物，也是不容小覷的轉變。

借力使力讓天賦引領你的生命

我心中的絕版好書是七〇年代第一美人、知名影星、作家及譯者胡因夢的《死亡與童女之舞：胡因夢自傳》。這本書不只知識與智慧密度極高，還有她最真誠的自白。書中提到已故作家韓良露問胡因夢高齡的母親，對自己的一生有何總評，胡因夢的母親沉思片刻，接著語重心長地說了一句：「乏善可陳！」這四個字讓胡因夢差點掉下眼淚，因為對她來說，那是她母親四十年來所說過的，最誠實的一句話。

當時我讀到書中這一段，大為震撼！這不就是「一生白活」的喟嘆嗎？沒有活出自己的天賦，終其一生都將注意力及能量放在生命中的愛恨情仇，無論是自己的還是別人的；或者只專注於別人擁有、你卻沒有的強項；然而你所擁有的天賦卻看不到，或者不看重。

五年前，有段時間我在學習大提琴。大提琴老師問我：「妳工作這麼忙，卻還願意學習的動力是什麼？」我回答，我希望每年都有新嘗試、新挑戰與新的學習，我只是傾聽內心的渴望，跟隨著自發性及熱情，去做任何一件我想做的事。

透過別人與你的互動來了解自己，**對方不一定是直接給你肯定，說大白話；也可能表現為提問**，幫助你有機會深入思考，更加清楚自己的內在動機，也指出你的特質。

聯合外力，借力使力，認回你不認識、忘卻的天賦與特質。

持續認識自己，就能提升內心強度，也引領自己的生命。

現在就這樣行動

打從出生以來，你肯定收到許多來自師長、朋友及家人，甚至是在某個活動上、某次購物時只有一面之緣的人給予的回饋，只是你沒有太當真或不好意思承認。這些回饋、提問、肯定及讚美需要你順藤摸瓜，循線探索出你本自俱足的天賦，繼續發展成你的優勢。

請從你的好朋友開始，回想他們曾經說過關於你的隻字片語。如果對於久遠的事你真的不記得，那麼正是時候來場久違的同學會，在聚餐過程中彼此交心、用心傾聽，別忘了給予回饋及互惠，你也能幫助同學、好友深入認識自己，成為對方的人生指引。

3-4

展現你的特質，主動連結，讓內心強大的人互爲助力

長年以來，在「認識自己」的道路上，總有許多盲點、迷思和誤區。多數人都對星座感到好奇，我也不例外，想透過星座分類來了解自己。在我的少女時期，當時的知名星座老師是田希仁，拜讀了她的多本著作，或許你也買過生日書，抑或是血型分類、九型人格。離婚當年我試著無師自通學八字，想研究自己為什麼這麼衰；還涉獵紫微斗數、人類圖、塔羅和最近很夯的**MBTI**等，幾乎可以說是「無役不予」。

近年也出現像是高敏感、內向者、冒牌者症候群等描述人格特質的新名詞。我發現自己也具有內向、共感及高敏感的傾向，才因此更加發現自己非常喜歡獨處，一個人的時候格外放鬆，也能充電；不熱愛聚會，工作一結束只想趕緊回

家。如果是好友朋友臨時因故取消聚會，內心還會有鬆了一口氣的感覺。

不只是這些測驗分類，我也從貴人好友楊斯棓醫師的回饋中，對於認識自己更豁然開朗、茅塞頓開。

透過行動，你的特質會被看見

二〇二〇年，斯棓邀請我為他的第一本書《人生路引》寫序。實不相瞞，我收到邀請時大吃一驚。只差沒有揉了揉眼睛，懷疑這訊息應該傳錯人了，但邀請訊息的開頭分明是我的名字。即使我出書早些，但知名度遠不及斯棓，加上他認識、來往的名人為數不少，能為新書起到加持、宣傳作用，勝過我的人實在太多。所以我不解又好奇地請教他：「為何是我？」

記得斯棓醫師是這麼回答的：「因為妳『和而不群』。」他繼續說明，他所邀請的推薦序作者群，胡慧玲、張瀞仁、雨狗、張錫懋都有和而不群的特質。與人相處和氣，但能秉持獨立思考，而不隨眾逐流。有趣並且深具意義的是，《人生路引》開啟我研究美股的契機，我也從斯棓身上，看到他默默提攜後進的高度和美意。

這些內在特質又是如何被看到、被觀察到的呢？

從你的字裡行間，從你的一言一行。

主動連結，讓人看見你的核心信念

當時我已經出版第一本書，能從書中文章間接了解我這個人。二〇一九年七月我去善導寺站附近的慕哲咖啡聆聽斯棓的演講，當時還素昧平生。平時出於害羞，難得發問的我在Q&A時提出心中的難題：收到推薦邀請時，要如何篩選。因為我們多半只能看到這本書的品質，卻無從得知該作者的人品；就好比你買到很棒的商品，但公司是否誠信，卻需要經歷許多事件的考驗，長時間的證明。

我想，當時的我問了一個好問題。這個問題讓斯棓看見我的信念、價值觀的核心，也因此判斷此人可信，可以託付新書推薦序。

找到你的典範、能夠觀察與學習的人

因為斯棓的牽線，在北投日勝生加賀屋國際溫泉飯店的餐敘中，能與已故的民主前輩林世煜先生結緣，也是我永遠感念的人。若非離婚後搬到台北，接著意外出書，我可能永遠跟政治圈無緣。還記得Michael（明明是德高望重的前輩，但林世煜總讓晚輩這樣零距離地稱呼他）生前，我不時會收到邀請，去家中聚餐。席間的文人雅士、各領域的專家名人讓我嘆為觀止，大開眼界。

Michael會在Facebook寫文章，當年的黨外三林、文壇健將持續針砭時弊，協助後輩不遺餘力。有次看到Michael的發文，讓我不禁大笑，拍案叫絕。網路社群發達的現在，所謂的「朋友」越來越多，無論是現實生活確實相識，還是透過社群媒體認識、實則不曾謀面的朋友。

但越來越多的朋友似乎沒有帶來好處，反而讓很多人情緒不穩，乃至於爆氣，泰半是因為這些朋友的留言和訊息。觀念不同無妨，但語帶批評和貶抑，肯定都讓當事者不好受，卻又不便發作，加上留言都是公開，會有一群旁觀者，更對當事者形成另一股無形壓力。然而，許多人都沒有解除朋友關係的能力，只是讓不快累積、壓抑在心底。所以當我看到 Michael 看似簡短卻深刻有力的話，就有高度共鳴。

遇到同樣的事，他們都會怎麼面對與反應？

當我們的內心強度還不夠，就很容易陷入眼前的困境，掉落情緒的泥沼。這時候若你仔細回想你的楷模，他們遇到相似的事情時會有什麼情緒反應，接下來又會如何因應，你就能做出更有智慧的行動，同時訓練及提升自己。沒有意外的話，他們也會不悅，人非完人孰能不氣；然而能夠作為你的典範，往往正是因為他們能做出超乎常人的反應，值得我們學習。

支持你的力量，也能與之互為助力

許多人的內心小劇場是，現在的我只是沒沒無聞的無名小卒，我如何作為別人的力量，甚至互為助力呢？其實沒有你想得這麼難。好比作者需要讀者，講師需要學員，演員需要觀眾，歌手需要聽眾；前者若是沒有後者，根本無法成立。你可以試著多做一點點，例如主動分享新書發表會的資訊、協助活動側拍……這些對於站在台上、分身乏術的人來說，是再感謝不過了。尤其，**每個人都有被肯定、被喜歡的需求**，名人也不例外，你的溫暖回饋是支持他們繼續前進的動力，不要小看自己友善的舉動。

將特質裡的「正面」充分發揮，讓特質裡的「負面」不再自我侷限

但凡高敏感、內向特質，就會讓人聯想到不適合面對大眾演說，無法有良好表現。然而我認識的公眾人物泰半都有內向、高敏感的傾向，總是讓人驚呼「怎麼可能！」他們沒有被特質所侷限，而是充分發揮高敏感的細微感知及敏銳觀察力。當然，他們也都走過懷疑自己、內耗、不自信的歷程；後來的他們懂得調整，懂得適度保留獨處的時間給自己充電，也因此不怕展現。

勇敢展現特質，吸引真正欣賞你的人，與你同行

如果我不曾透過文字發表觀點及理念，甚至只是合理地抒發情緒，那麼直到今天，我依舊不會被貴人看見，也不會遇到更多頻率相近的人，並透過他們的生命作為我學習的參照與範本。當然，你的特質與我不同，不是每個人都要成為作家，都必須演說。**勇敢地展現你的各個面向，找出你自己的標準，而不是去符合別人的標準；去活出你的最好可能，而不是活出別人的最好可能。**你會慢慢發現能懂你、欣賞你的人早已在未來等著你。

林世煜先生、楊斯棓醫師都是內心強度很高的人，我也從他們身上學習如何面對難題、困境與挑戰，還有私底下的待人接物。當我在動力消退、感到疲憊時，就會想想他們，或者回想那些傳世名著中的經典人物，你會感覺到原來自己不是孤軍奮戰，讓他們成為支持你的人。

展現你的特質，主動連結，你會活出你的最好可能。

現在就這樣行動

列出至少三個典範，你也可以隨時新增，沒有上限。他們曾遭遇過什麼挫折、打擊等負面事件，當時都是用什麼心態、思維去應對，化為哪些具體的行動，讓這些考驗成為生命中的逆增上緣，進而活出他們生命的最好版本。

3-5 對於生命的開放性，是活出最好可能的必然途徑

「妳是姐姐？還是妹妹？」

認識自己不只像剝洋蔥，一層一層向內心深處剝，更像是拼圖的過程，必須從頭拾回生命中的一片片拼圖，才能看清楚生命藍圖的輪廓。這幾年跟媽媽的感情倒吃甘蔗，幾乎每兩三天都會打電話回家跟爸媽聊天，有時聽到媽媽提起我更年幼時，幾乎不復記憶的往事更加有趣。

大概就讀幼稚園時，我跟哥哥都感冒了，媽媽帶著兩隻娃兒去醫院就醫。打針時，哥哥怕到一直哭，不停掙扎，護士們一邊忙著哄他，一邊架住他才好打針。然而我卻一臉冷靜，直接插腰並挺出手臂，一副「來吧！」的氣勢。護士看著我從容就義的態度又驚又喜，對著我問：「妳是姐姐呢？還是妹妹？」我依舊

冷靜地回答：「我是妹妹」當時年幼的我，內心OS大概就是「伸頭一針，縮頭也是一針！早完成，早解脫，拖拖拉拉幹嘛呢！」每當講起這個故事我們都會笑到不行。

以前我們笑的是，兒子、女兒的性別似乎生反了。兒子膽小溫和，女兒大膽豪氣；現在笑的是，原來天性早就如此鮮明。這也讓我更加體認到，心理學當中的天生氣質（temperament）。**每個人都有與生俱來的天性、潛能與特質，**加上後天環境的影響，共同造就這個人的面貌。在你的成長過程中，是開發、加乘並強化它們；還是無視、壓抑或扼殺它們，有待進一步思考。希望能激發你對自己的好奇心，持續探索心中浮現的每一個問號。**認識自己就跟做學問一樣，秉持懷疑精神，在不疑處有疑**。

絕大多數的人，都被身處的社會文化束縛，被群體意識影響。認為女人必須怎樣，不應該怎樣；男性也面臨相應的期待及刻板印象。所以你無法相信自己，更不敢接納、欣賞與多數人「不一樣」的自己。試著回想及檢查你的天性特質中，哪些被性別相關的教條壓抑了，開始一個個認回來。

認回自己的天性與特質

不光是小時候斷簡殘編般的趣事，就連就讀心理所的往事，如今看來也不能等閒視之。就在我以社會組之姿，一舉跨考進入理學院的心理學研究所臨床組後，下學期要面臨的共同問題，就是要尋找指導教授收自己為研究生。我心中的指導教授第一首選就是黃君瑜老師。

當時有些課程是跟碩專班一起，所以會開在晚間時段，有天晚上下課後，我去敲黃君瑜老師研究室的門，鼓起勇氣詢問老師，能不能收我為研究生？沒想到老師立刻說好，沒有猶豫，讓我詫異又驚喜。詫異的是，老師婉拒心理系本科畢業的其他同學；驚喜的是，我本來就讀社會學系，換言之，心理學的底子相對薄弱，「為什麼收我呢？」、「我憑什麼呢？」這個疑問就這樣放在我的心裡。

直到十七年後我重返校園，那時不只離婚還出書，回校拜訪君瑜老師時，我終於敢問出口：「老師，您當年為什麼會收我？」老師笑著回答：「因為妳有開放性的特質，思考充滿彈性。」這是心理學當中的五大人格特質

（Big Five Personality Traits）OCEAN之一，即開放性（Openness）、嚴謹性（Conscientiousness）、外向性（Extraversion）、友善性（Agreeableness）與神經質（Neuroticism）。瞬間讓我有水落石出、真相大白之感。

開放性帶來無限可能

回想我一路走來，尤其是這六年的發展，完全驗證老師老早就看到的開放性這項特質。寶物就在我身上，然而身為擁有它們的主人，卻傻傻不明白，只是跟隨內在的自發性就去嘗試。不管上榜多困難，無論實現機率高低，無論會不會成功就先去做。只能說，君瑜老師太會看人。也許你會覺得好笑，即使我讀心理學還從業多年，也不怎麼了解自己，後知後覺得很。

你是不是也有這樣的經驗呢？很多事情等到親友、師長點出，才赫然發現自己身上有著從來沒發現、可以善加運用的一面。

敞開自己，才有機會提早體驗不一樣的人生

今年四月，我剛從有幸福國度之稱的不丹旅行回來。老實說，雖然我對不丹充滿好奇，但並不是年方四十一歲的我會優先考慮的旅遊目的地。然而就在收到當時不熟、但互相欣賞的朋友邀請時，我考慮了一下就決定同行。這也是開放性的體現，願意擁抱全新的經驗，即使會感到不安與陌生，仍願意跟周遭年齡相仿、同溫層的人活法不同，彷彿自己是異類。

我們先在曼谷轉機，造訪不丹的帕羅、普納卡和廷布，參加策秋節，拜訪仁波切，入住不丹安縵酒店，最後一天登上虎穴寺，整趟旅程帶給我的體驗與省思，足以說上三天三夜。

不要爲自己設限，不要關上任何一扇門

很幸運地，在我出書後，分別在二〇二〇年、二〇二一年連續兩次受邀與

知名醫美保養品牌「寵愛之名」創辦人吳蓓薇對談。我趁錄音空檔，好奇地請教她：「為什麼想要創業呢？」身為大老闆的吳蓓薇相當親切，真誠無私地跟我分享：「人的一生都在承擔。既然都要承擔，那就承擔多一點、大一點，能力也會隨之提升。」當時的我聽到這段話被深深觸動，更重新定錨我的人生，要怎麼去看待我的職涯發展，是要努力敲掉原本的天花板？還是另闢蹊徑，不要設限，走一條少有人走卻適合自己的路，打開一扇又一扇新世界的門。

吳蓓薇的生命故事正是開放性的展現，美容編輯出身的她，沒有繼續待在原本的崗位，做著駕輕就熟的工作內容，而是選擇創業，活出屬於她生命的最好可能。

主動對想要讓它發生的事採取行動

就在二〇二四年，吳蓓薇在她的著作中分享了職場與創業故事。她從小就發揮寫作的強項，嘗試投稿發表作品，極早就對自己的職涯有很多反思及覺察，尤其是能**把決心化為行動**，因為早年擔任撰稿人及美容編輯的經驗，體認到自己是在做媒體代工，因為撰稿、編輯的權力來自背後的媒體，讓她想到唯有出自己的書，才是屬於自己的智慧財產權，所以早期就出版了五本書，為自己留下永恆的紀錄。在創業成功，品牌從台灣通路拓展到國際頂級通路的現在，她體悟到「後來才知道，我想要的不只是自己可以出書而已。」同時也讓我看到，**覺察帶來行動，行動在多年後，帶來更深刻、全新的體悟**。

所以，**別人在你身上看到的任何天賦與特質，都不容小覷**。然而天賦、特質不是發現就好，而是要專注打磨，直到它大放異彩、真正發光，才不會應驗小時了了，大未必佳。如同《恆毅力》作者安琪拉・達克沃斯博士（Angela Duckworth, PhD）提到「有潛力不等於發揮潛力」、「興趣必須再三的重新觸發」也是相同的道理。唯有持續發揮潛力，不斷鑽研興趣，才能讓它們成為你的專長和利器，而非打發時間的休閒活動而已。

相信你曾經聽說過一段話：「世界上最遙遠的距離，是我在你身邊，你卻不知道我愛你。」對我來說，**全宇宙最遙遠的距離，是知道與做到的距離**。從某個角度來看，光是知道毫無用處，大道理都知道，但依然過不好這一生的人很多。

真正讓人生掀起滔天巨浪等級變化的，是知行合一。

擁抱生命的開放性，縮短知道與做到的距離，是活出最好可能的必然途徑。

3-6 發揮雙性特質，化爲剛柔並濟的基石

在認識自己的路上，許多人都是用表象來認識自己，比如用生理性別來定義自己，以性別做為篩選的濾鏡，尋找自己的相關天賦與特質。然而，這樣真的有幫助嗎？這樣做往往是大大地侷限，無法活出自己最好的可能。

我們先是一個人，接著才是男人或女人

我最喜歡的書《心靈的本質》提到：「你們的人性首先存在。你們的個人獨特性對性別賦予意義，而非其反面。」「人類的偉大品質：愛、力量、同情、智慧和想像力，不屬於任一性別……只有對這天生雙性本質有所了解，才會釋出在

每個不論是男人或女人中的那些品質」「你的性特質是你本質的一部分，但並不界定你的本質。」這些內容都一再強調，**每個人都具備雙性的特質**，然而社會文化讓我們耳濡目染的各種論述及觀念，都在強化性別之間的對立，而非更多的合作及了解。

約莫在我二十五歲時，和男友去大阪旅行，某天在心齋橋三個多小時，我已經橫掃大街上的五間商店並買好所有想要的東西，把中意的耳環、衣服及藥妝……一網打盡。然而男友一整個下午都待在同一間服飾店試穿，三個多小時過去，他依舊還沒做好決定。都說女生愛逛街、能花大把時間血拚；男生購物都是目標導向、速戰速決，但發生在我身上的卻不是這麼回事。

不只是逛街購物，小學時我被隔壁的男同學欺負，社會定義下的男性特質已經在我身上顯現。放學時，母親來學校接我，男同學一見到我的母親立刻嚎啕大哭，拿出被我用黑色簽字筆畫得亂七八糟的書包，跟我媽告狀，母親差點不分青紅皂白準備罵我，幸好其他同學立刻湊上前來說：「是他先欺負洪培芸的！」有趣的是，男同學的母親也到學校，見狀立刻跟我說：「對不起，我兒子頑劣，在家就是這樣。」天理昭彰，尚未報應不爽，我已經主動為自己反擊。回想這剛烈的性子，哪有一丁點符合所謂女性溫柔特質？何況當時只是小學三年級。這些事讓我更加明白，**每個人都具有與生俱來的天性，非父母所教，亦非社會影響所致**。

性別的框架、迷思和限制

如同精神分析大師榮格也提到男靈和女靈的概念。顯然，我的內在有更多男靈的屬性，雖然我的外表相當女性化；我也在許多男性身上，看到屬於女靈的特質。我看到不少男性自發地對年幼的孩童表現出溫柔與關愛，也表現出溫柔與關愛，還有對於動物的耐心與呵護，但這些特質在我身上出現的頻率，相對少得可憐。

當你只看到外在性別，就很容易將自己限制在該性別特質的範圍裡頭，也容易被隨之而來的各種社會文化要求，例如「男兒有淚不輕彈」、「女生就要溫良恭儉讓」等束縛。前者，讓男性不敢抒發自己的情緒，表達自己的脆弱與需求，無法在人生谷底主動求助；後者，讓女性不敢為自己的人生做更多合理的爭取，也不便展現抱負與企圖心。

了解雙性特質，不再內耗：整合雙性特質，化為內心強大的基石

類似的生命經驗，並非我獨有。多的是有較多男靈屬性的女性，更多女靈屬性的男性；然而無論男性或女性；絕大多數人都在壓抑自己，不敢面對及承認自己跟別人不一樣的特質，甚至感到自責和羞恥。

否認、壓抑、自責和羞恥都會造成能量、行動力與創造力的極大耗損，如果你能承認、整合並善用自己的雙性特質，那麼你將發揮剛柔並濟的強大力量，活出更像自己的樣子。

善用雙性特質，成就他人，更成就自己

台灣運動好事協會理事長，也是知名講師謝文憲憲哥就是經典的例子。從外

型來看，憲哥絕對很Man，沒有人會將他跟女性特質聯想在一塊。尤其憲哥演講時的氣魄總能撼動現場所有人，讓與會者瞬間充電。然而私底下的他，卻非常溫暖，相當關心學員與朋友。當知名的友人正在鋒頭浪尖上，他會寫文章中性地分析，間接卻公開地表達關懷與支持。

猶記和憲哥結緣的那年生日，憲哥私訊祝福我：「生日快樂，身體健康，專欄火紅，廣結善緣」，其實他沒有必要做這件事，更何況曾聽過他演講、上過憲福課程的人如此眾多，然而這正是出自憲哥的真誠、細膩與溫暖，也是傳統定義下並非男性的特質，因此不會去做，或不願去做的事。

別人都看到憲哥的理性（理性也被歸類在男性特質），然而我卻看到憲哥將更多的感性，化為他的行動，以及文章中的一字一句。好比他時常說的：「在高峰時看見他人，在低潮時看見自己，在有能力時成為別人的一盞燈。」這些都是愛、同情、同理的彰顯。憲哥的職場經歷、寫作、主持與講師事業的成功無須我多著墨，無數的學員、讀者、聽眾、合作夥伴及朋友就是最好的證明。

進行心理治療工作時，大概是我人生中，展現最多溫柔面貌的時刻了。面對遭遇重大打擊、陷入人生低潮的個案，我會耐心地傾聽，給予溫暖、肯定和鼓勵。但是在工作之外，好友更常見到我一針見血、犀利和決斷的那一面。融合雙性特質讓我在工作上，做好臨床心理師的角色；但是在生活中，也能快刀斬亂麻地處理自己生命中的各種決策與難題。

唯有全心相信自己的能力，才能勇往直前

你的特質會帶出你的能力，了解雙性特質能幫助你擁有完全的信心。不再因為身為男性，就認為自己無法適應女性多數的職場環境；不會因為身為女性，就判定自己無法勝任競爭性高、講求精準、高效的工作屬性。

深度認識自己，便能發揮雙性特質，化為剛柔並濟的基石。唯有認出自己的雙性特質，並全心相信，才能運用雙性特質成為你的優點與能力。你是體貼，而不是娘砲；妳是堅毅，而非臭脾氣。了解自己的雙性特質，讓你面對各種機會時都能勇往直前，不再躊躇不前，適時地做出更適合自己的決定。

Action 4

深度思考 &
打破問題表層的開關

深入思考，打破問題表層，
連結與你有關的重要訊息，
從資訊→知識→智慧。

4-1

你相信算命嗎？後來我只相信，活出自己的好命

很多人喜歡算命，也有人深怕算命。前者，是希望預知自己的未來會有哪些吉凶禍福，能夠提前趨吉避凶；後者，則是擔心若聽到不好的預言，會嚴重影響心情。

被譽為「香港四大才子」之一，同時也是電影製片人、作家、主持過多個飲食節目、香港著名美食家的蔡瀾，曾經就有人這麼問過他：「您相信八字嗎？」大家不妨先在心中猜一下，蔡瀾當時是怎麼回答？

「我信八字，我相信好的八字。」他是這麼回答的。

算命與內心強度有什麼關係嗎？關係可大了。一個內心強度足夠的人，不會輕易動搖自己的判斷、不會過度質疑自己的想法而無法前進，不需要仰賴外界

的大師、導師或任何什麼師，遇事都要先求神問卜，各派的名師指點後才能下決定。好比新聞三不五時就會有各種末日預言，從我少女時期聽過的一九九五閏八月，引發了移民潮，到近年來的各種傳聞，導致人心惶惶，能量與時間多用在觀望及內耗裡。

諸惡莫作，衆善奉行

我回想起這輩子的幾次算命經驗。國中時，母親把我和我哥的八字拿去給老師看，讓我印象最深刻的一段論命，是那位命理老師說我「出嫁望夫家，在家旺父母」。也有導師在我二十四歲時，說我今生有兩段正緣，分別出現在三十歲之前，與三十歲之後。還有我三十六歲出書那一年，命理老師說我金水旺，適合上螢光幕、公開亮相及演講，有大眾緣，以及食傷過旺。當然也有一些提醒，像是我的命中有車關，最好不要自己開車等。

不只是這些老師論命的結果，還有我在婚變當年，曾自行研究東西方各種命理系統，希望能多些了解，從此不求人。我觀察自己和朋友們的算命結果，同時比對各自的人生發展路線、那些有發生或沒發生的事件；持續地深入思考，才能穿越表層的事件，去看到事件底層的通則，我歸納出來的心得，不外乎八字總結：「**諸惡莫作，眾善奉行**」。

我曾經用以下的比喻來說明，朋友們聽了都大笑不已。我說，難道老師告訴你，天蠍座八月會有爛桃花，要小心有婦之夫，以免誤當小三，所以只要八月份小心就好，其他月份都不用在意？不，你這一輩子都要小心，無論哪一年、哪一個月份，都不要介入到別人的感情裡。又或者所謂的車關或血光之災，也是時時刻刻都要謹慎留意，總不會在沒特別提醒的期間，就可以閉著眼睛開車或過馬路吧！我把它歸類在「諸惡莫作」裡，不應該沉淪、不應該僥倖，遊走在道德及法律邊緣，甚至擺明觸法的所有事，都要留意與當心。

這裡就牽涉到，我們的內心是否處於強度足夠與平衡的狀態。但凡軟弱、脆弱及空虛的時刻，都讓人相對容易破防。

傾盡全力活出好的預言

至於「眾善奉行」的部分，從西方心理學的角度來說，就是**正向自驗預言**。**傾盡你的全力去活出好的預言**。只要你曾去算過命，泰半會是以下的經驗：你的命盤有相對弱勢的部分，也有相對強勢的地方。老師會告訴你，你的天賦與專長就在這裡，如果你往這個方向發展會很棒、前途無量……之類的建議，然而多數人就跟以前的我一樣，聽到的當下開心幾天，接著就算了甚至忘了，沒有認真地放在心上。帶來的結果，就是沒去付諸行動，沒有把天賦與專長大量發揮在對的地方，並刻意地提升與強化。

眾善奉行，就是**你要卯起來做該做的事**，去展現你的所有天賦，去探索沉睡中的各種潛能，去做能夠利他的事，努力做，瘋狂做，加倍做，甚至是十倍地來做。在這樣的過程中，伯樂自然會看見你。伯樂不會只是看到一匹馬，就認為牠可以跑千里；而是在這匹馬剛開始跑的過程中，從許多細節看到牠有與眾不同的地方，只是有待開發、指點與鍛練，假以時日，就會成為一匹千里馬。所以，至少你先跑起來吧！

這是不是也呼應了蔡瀾先生說過的：「我相信好的八字」？如果你真心相信，就會開始順著你的天賦去做事，重新斟酌來到你面前的各種機會，甚至是主動去開發，去展現你的特長與價值，不再埋沒自己。

命理老師可能給你的提醒，終其一生該做、不該做的事，也讓我想到班傑明．富蘭克林（Benjamin Franklin），這位美國的著名開創者，獨立運動領導人之一、外交官、科學家，也是出版商與作家，他也影響了後來的鋼鐵大王卡內基、華倫．巴菲特與查理．蒙格等人。《從卑微到偉大的斜槓偉人富蘭克林》寫到他的十三守則，分別為：節制、靜默、秩序、決心、節儉、勤奮、真誠、公義、中庸、清潔、平靜、貞潔、謙遜。

一起來抽絲剝繭，班傑明．富蘭克林的十三條美德與訓誡是不是跟命理老師可能告訴你的提醒一樣？只是用了條列式，而且是放諸四海皆準，人人適用的通則，也符合了我前面提到的「諸惡莫做，眾善奉行」。

其中的靜默，是指「只說對人對己有益的話，不做無聊的閒扯。」用命理的說法，與「留意口舌是非」相近。以前的我，時常不自覺地把時間用在社群裡的閒聊；現在的我幾乎不閒聊，多是用在工作上的溝通、知識與智慧性文章的分享。若要閒聊也只限定最親近的家人與摯友，適時、適度地關心與支持對方。同時，提醒自己謹慎發言，無論是嘴裡吐出來的話，還是鍵盤打出來的內容。

其中的真誠、公義也很符合醜聞類的時事。每隔一段時間，就有不同領域的名人被踢爆桃色緋聞、感情糾葛及財務糾紛等，通常會讓人跌落神壇的不外乎表裡不一、他竟然沒那麼好，甚至還很糟糕，也就是違反真誠、公義兩個面向。即便只是普羅大眾，違背真誠、公義原則也會招致眾叛親離的下場：反之則會帶來好人緣，甚至是優質長久的人脈根基。

不由得讓我想起傳奇女星奧黛麗赫本。同樣是名人，她不只留下優雅與美麗，尤其是她晚年將大多數的心力投入慈善事業，成為聯合國兒童基金會的親善大使，到世界各地行善。她早年的感情經歷相當崎嶇，不只沒有擊垮她，還讓她成為愛與優雅的代名詞。**內心強大、持續行動的人，絕不可能獨善其身，而是時時充滿對人世間的愛與關懷。**

唯有打破問題表層的思考，你的思維模式才會質變，帶來行為的真正變化。長久下來，你會發現和你互動的個體也會發生變化，所謂潛移默化。

回到年少時的八字論命內容，我決定「先旺我自己」。當我旺了我自己，自然也能裨益到身邊的所有人，從朋友、家人開始，持續擴大範圍，將讀者也都涵蓋進去。

看穿問題表象，結合持續行動，就能幫助你提升內心的強度。讓你能更加堅定，朝著自己的天賦去發展，去活出屬於你自己的好命。

現在就這樣行動

如果你曾經算過命，請開始回想及整理出那些內容，有哪些正向的建議、負向的提點？

比如你今生有公部門領域工作的緣，是不是可以試試看多考幾次，不要一兩次受挫就打退堂鼓；又或者你有創業的命，有什麼是你可以創業的項目、哪些目前是藍海；抑或是你有藝術創作的天份，每兩週至少創作出一幅畫作、一首歌、一篇文章等，只要你不排斥，而且有心動都值得去做，最好是**卯起來做**、**加倍地做**。

4-2 打破問題的表層，了解生命的本質，你需要等待的智慧

我們的人生，一定都經歷過等待。內心強度高的人，肯定都懂得等待，更**禁得起等待**，因為他們深刻明白，等待的背後是有深意的，等待是值得的。所以在等待的過程中不以為苦，也不會產生內耗，覺得這麼努力卻沒有收到成果的自己有夠差勁，一想到就嚎啕大哭或泫然欲泣。

很多人都以為我出書很順利，彷彿剛開始在網路寫，立刻被出版社發現我是天才作家橫空出世，巴不得趕緊把我簽下。這可是天大的美麗誤會，正好趁著現在來解開，也為你打氣。

確實早在二〇一七年，我就被出版社看見，但不是出書的娘家寶瓶文化，而是另一家出版社。當時收到編輯來信，說要找我出書，所以約在台北市的某間

咖啡店討論。

當時的我滿心雀躍，想到自己才寫不到幾篇文章就被出版社看見，那是被賞識、被肯定的感覺。商討過程中，她們希望我以離婚為題寫書，也找了些國外的參考資料。然而我心中隱約浮現的直覺是不想寫離婚，畢竟那與我的生命經驗太密切，還沒有準備好要將經歷婚變的細節公諸於世。尤其，這是我的第一本書，不希望離婚成為我身上最明顯的標籤及定位。但是出書的邀請、機會又相當吸引人。

那次與編輯聊得很愉快，也約好保持聯繫、繼續討論。沒想到，之後就沒有下文了。是的，你沒有看錯，我被放棄了。還記得那時的我消沉了一個多月，我從原本的滿懷希望、飛上雲端，到美夢初醒、跌回地面，就跟多數人一樣陷入自我懷疑的各種小劇場：肯定是我的寫作能力不好，不足以出書；不然就是我的其他條件不夠優秀、突出，所以他們決定還是不要找我……總之，**想要找自己麻煩，想要挑自己毛病，永遠不怕找不到**。

然而，約莫過了四個月，寶瓶文化找上門了。他們看到我在「大人學」發表的文章，邀請我以文章中的「人際剝削」為題，發展成一本書。那時除了振奮驚喜，我有如遇知音之感！心理師工作多年，處理過的案例可說是包羅萬象，各種人際關係的議題都有，能以關係的共同痛苦核心根源來深入剖析並寫成書，真是太好了！不是只能寫親密關係中的離婚，而是能以涵蓋範圍更廣、貫穿所有關係的主題來書寫，做為我今生出書的定位。

當年不明白，如今都明白：原來是等待

我想起被稱為群經之首的《易經》，它不只可以用來占卦，還談做人處事的道理。國學大師傅佩榮老師提到易經的占卜，所依據的是「有意義的偶然」。換言之，**巧合並非純屬意外，而是深具意義的安排**。至於為人處事之道，就是德行、能力與智慧。《易經》中的潛龍勿用，是指蓄勢待發的蟄伏隱藏，就讓我想起等待、沉潛的智慧。

在被第一家出版社放棄的那幾個月，我不時懷疑自己的能力與條件，情緒也

偶爾低落，但我唯一不變的，就是繼續做好心理師工作，還有繼續寫作。站在現在的角度去理解當年被放棄、沒被看上的事件，我反而相當慶幸與感恩，也是有意義的安排。慶幸的是，離婚主題不是我的第一本書；感恩的是，遇到了更合適的出版社，挖掘出更適合我的題材，也讓好幾本著作都售出外國版權。

主動連結，幫助你打破問題的表層

許多時候我們都會停留在問題的表面，用既有的思維、多數人的觀點來理解眼前的事件，好比大齡女子的妳沒有對象就是因為年過四十歲，是戀愛市場上的剩菜。然而如果你有閱讀的習慣、了解人性與心理學，透過這些主動學習、連結的知識，就能理解有一定事業成就的妳，可能引發別人的自卑，即使旁人對妳有好感也會退卻。明白這點，心情也會更好過。

如果我當時無法沉潛，等不下去，或許就會徹底斬斷、終生放棄寫作這條路了。畢竟我一直都有心理師的工作，出書並不是用來謀生的必須；然而出書卻能達成一般心理師做不到的事，那就是無遠弗屆的影響力。

了解生命的本質，你才等得下去

《人生不是一夜干》的作者齋藤茂太醫師說：「任何改變不像醃漬一夜干，只需一個晚上就能看到成果，所以你必須等待。」要不斷累積自己的能力與實力，在看似漫長的過程中，懂得沉潛與等待；打破問題表層地思考，就能看穿等待是一種必然，而不是受苦；等待的過程中不是沒事幹，而是持續行動，去做任何你能做的事。作者在序中提到，感到痛苦及辛苦的時候，就像是「人生的雨季」。下雨總讓人心煩，但是雨終究會停。尤其，雨是生存與成長所不可缺少的滋潤。如同挫折，能帶來反思及成長的機會。這也呼應了我當年被出版社放棄的經驗，挫折總會過去，我們都能等待雨停，迎接天晴。

穿越事件的表象，理解生命運作的規則與本質

與許多公眾人物相較，我的生命故事平凡許多，也還在開展的初期。不妨來看看從功夫女星到奧斯卡影后的傳奇故事，你想到是誰了嗎？就是從影四十年，

在二〇二三年以電影《媽的多重宇宙》一舉摘下金球獎、美國演員工會獎及奧斯卡金像獎后冠，成為奧斯卡有史以來第一位亞洲影后的楊紫瓊。對於生長在台灣，從小就是看著港片長大，見證過香江黃金時代的我格外有感。楊紫瓊早年的女打仔形象鮮明，曾在二十五歲為愛息影，第一段婚姻也是以離婚收場。但她在二十八歲復出時，再創事業高峰，直到六十歲成為奧斯卡影后。

她跟多數人一樣都經過愛情與婚姻的低谷、事業的跌宕起伏，她的得獎感言尤其感人，也鼓舞人：「各位女性，不要讓任何人告訴妳，妳做不到。」「永遠別讓任何人定義你的巔峰已過！」我相信這些感言，所有人都適用。她充分展現**懂得等待、持續行動及生命轉型的智慧**。

永不放棄單一目標的追求，那是執著；
永不放棄的，是多方嘗試，懂得等待，持續行動；
打開更多可能性，是智慧，也是生命的本質。

這就好比你想要換工作，投了很多履歷都沒收到面試的通知，覺得困頓和氣餒，開始懷疑自己的能力與價值，情緒也陷入低潮。然而，如果你能不被眼前「暫時」的結果所困，保持行動，只要看到有興趣的職缺你就繼續投，並且不斷地充實與提升自己。當有天收到面試通知，甚至是錄取結果時，你赫然發現這份工作更加適合你，更符合你天賦、熱情之所在，而且還有更優渥的待遇，搞不好你會驚呼並感謝老天爺，幸好不是更早之前你很想要，但沒收到面試通知的公司，他們的待遇、工作環境和其他條件其實不怎麼樣，比不上你後來等到的邀請。

如果有一天我得了大獎，有機會發表感言，我想我會說：「沉潛等待，持續行動。祝福你與『未來的自己』在更高處相逢。」

4-3

那些內心強度高的人會怎麼想、怎麼做？

這八年我最大轉變之一，就是跨出習慣圈，跟強者學習。尤其，真正幫助我發生徹底質變的，是開始探索靈性領域的知見，以及接觸到商業思維。我觀察到許多內心強度高的人都是在商業領域。但凡是人，一定都有原生家庭、愛情、同儕、金錢及健康的普世課題；然而創業的人不一樣，他們還要「額外」經歷創業帶來的壓力、風險及考驗，能扛得起並游刃有餘的人，顯然值得研究及學習。

主動出擊，不再只讀心理學

多數人只跟同溫層打交道，以前的我也不例外。跟相同領域的人交流，參加相關活動，在職涯最早期的階段這是必然，無可厚非。可是過了三年、五年甚至是十年了還待在習慣圈，那麼你可能就要有所警覺。如同我二十幾歲時，也只懂參加心理師所屬的在職進修活動，我渾然不覺這有什麼奇怪。直到我遭遇婚變的打擊，搬到台北後，開始聽演講、參加不同主題的新書分享會……才體悟到有太多心理學以外的實用知識與人生智慧，等著我去學。

換言之，不要只閱讀你喜歡的書，不要只接觸你早已駕輕就熟的領域。當然，這是很不容易打破的習慣。**當你掌握了某個領域的知識，你就要「有意識」地轉換領域**、**主動跨出去**，去探索其他領域，幫助你完整活好全人生所需要的一切認知。

自從我開始研究理財與投資，一整個相見恨晚。說出來不怕你笑，後來好幾次我買書送給同樣為心理師、待在醫院工作的學妹，並不是什麼精神分析、家族治療……這類的心理學叢書，而是教你如何投資、理財。為什麼呢？因為這些重要的東西學校沒有教，醫院也不會安排這類的學習講座；更關鍵而隱微的是，相同領域的東西已經讀很多了，學校訓練加上臨床工作經驗，精熟的程度一定有，只是還沒有成為該領域的大師，然而對其他領域的了解卻是一片荒漠。

以前的我完全沒有這樣的自覺，畢業後除了本行的在職進修，其他時間都沉浸在電影、外語、哲學和旅行……作為休閒和興趣，也不曾用創業精神，以經營企業的思維和格局去培養自己的能力、厚植自己的人生，直到這幾年才睡醒。所以現在的我特別喜歡閱讀創業相關的書，深入剖析創業者的故事，去了解他們從零開始的契機，如何善待自己遭遇失敗的心路歷程，能夠越挫越勇，屢敗屢戰，而不是一次挫敗就完蛋。尤其，也能打破自己的思維慣性，不要待在井底看世界。

我想到二〇二二年飛往雪梨的故事，這可能是我這輩子最後一次因為阿斯坦加瑜珈（Ashtanga yoga）特地飛到國外參加工作坊的回憶了。我接觸瑜珈十年，持續 Mysore（Ashtanga yoga 裡的自主練習）八年，二〇一六年開始出國參加瑜珈工作坊，一部分是對瑜珈的熱情，另一部分則是結合瑜珈工作坊的旅行，這幾年飛去東京、曼谷、馬尼拉數次。二〇二二年的那次，適逢 COVID-19 疫情開始趨緩，各行各業都在重新步上軌道，航空業也不例外。那時的航班時常出現問題，原本預訂飛往雪梨的班機被臨時取消，重新訂購機票的費用貴上一倍，對於小資族的我是不小負擔。

那時的我猶豫著到底還要不要去雪梨。如果不去，已繳交的工作坊報名費、先前為了這趟旅行上網研究機票、酒店、景點……所耗費的時間和心力就是沉沒成本，不去算了。可是不去又好可惜！對我而言，這趟旅行的意義不只有瑜珈工作坊，更因為我前半生的旅行足跡都在北半球，還不曾去南半球插旗。

盡可能地去想辦法，而不是選擇放棄

當時的我問自己，只能放棄嗎？放棄確實輕鬆多了，立刻減輕金錢的焦慮。然而如果我還是想去雪梨，可以怎麼做呢？我開始推想，因為上節目而結緣的來賓及主持人都會怎麼思考？他們都是各領域的佼佼者，也是身經百戰的人。想著想著，我突然想通一件事，他們肯定會選擇開源，而非節流，他們會盡可能多接工作，賺更多的錢來支付帳單，而不是只想著如何減少帳面上的數字。

有趣的是，我是真的沒錢嗎？證券戶總有股票吧？股票就是資產。這讓我再一次看見，困住我的不是表面上的數字，而是內心對於金錢的不安和執取，對於自己賺錢的能力還不夠自信。

幸好、幸好、幸好，正因為我決定前往雪梨，我收穫了前所未有、最難忘的珍貴回憶。除了下定決心接更多工作賺錢，還有改變其他地方的消費，做為整體支出的調控。我發現原本預計入住的酒店，因最後一晚適逢周六，再加上其他因素的影響，當日房價飆漲成三倍，讓我覺得不值。此行我主要目的是參加瑜珈工作坊，其他時間也都在外頭旅行，待在酒店內的時間並不多，酒店只是用來盥洗、睡覺用的，所以我決定最後一晚另尋住處。

雖然出國自助旅行的經驗多到數不清，卻從來不曾住過青年旅館，終於讓我住了這麼一次。還記得我在青年旅館Check in時，放眼望去，是來自世界各地的年輕背包客，接著移往二樓的公共區，碩大的冰櫃打開淨是爆滿的食材、蔬菜、肉品、牛奶、優格、冰淇淋及醬料……旁邊的櫥櫃則是各式各樣的泡麵、洋芋片等零食，都是能長期貯存的乾貨。現場跟「賞心悅目」四個字，八竿子打不著，一整區的冰櫃、櫥櫃全都是塞滿塞爆，相當凌亂。真是豐富了我早年飛往巴黎、維也納、紐約旅行時住 Airbnb 及酒店，所不曾有過的體驗。

當天晚上我外帶日本料理餐盒，到青年旅館的二樓公共用餐區，準備享用晚餐。我看到一群金髮碧眼的少男少女，在廚房區愉悅、歡笑地交談，同時烹煮著他們的義大利麵。我瞥見滿滿的一大盤都是麵，沒什麼肉，然而他們卻洋溢著快樂、自由的氣息和氛圍。我盯著自己外帶的餐盒，鮮蝦、蝦卵……真是奢華了許多，頓時感到好笑及幽默，還有一股心領神會。快樂，原來是這麼簡單！活在當下，不役於物，就是心靈的快樂與自由。

做真實的自己，就是幫助別人

當你看到我過往的困擾，三年前曾經想要放棄的事情時，可能會覺得「沒想到你也為這種小事掙扎」而感到好笑吧！是的，我就是如此平凡，卻又如此真實地讓你看到借用別人的思維、持續行動就能幫助你的內心強度提升。若是選擇放棄、沒有竭盡全力去想辦法，去試試看，就會讓自己一直停留在1.0的版本。

借用別人的思維，你就能跳脫原本的思維慣性，去發現自己的生命議題是如何地反覆出現並困住自己。從而，你能運用想像力，透過建設性的行動突破僵局。向內心強度高的人學習和取經，祝福你持續升級。

現在就這樣行動

平時可以有意識地提醒自己，主動翻閱不同領域的報章雜誌和書籍，如果有任何字眼觸動你，千萬不要放過，筆記下來，做為你深入研究的新領域，擴充你的知識體系。當你感到徬徨、難以抉擇或意志消沉時，可以試著連結他人，借用別人的思維。這裡的他人指的是在你心中具有份量，他們的生命和精神具有參考、效仿價值的人。**如果是他們遇到同樣的難題，會怎麼思考、怎麼行動**。你可以多方參考，折衷出一個最適合你的思維及作法。

4-4

受苦是沒有必要的，將情緒能量化爲一股作氣的行動

內心強度夠的人，必然不是生長於溫室的花朵。他們都歷經過人生的暴風雨，也都有過受苦的經歷、極度煎熬的心情。當絕大多數的人在抱怨、批評及討拍時，他們把這些痛苦的情緒化為學習的動力，去找答案、想方法並付諸積極、建設性的行動，披荊斬棘，擁抱前進。

二十世紀的珍寶，意義治療大師維克多・法蘭可（Viktor E. Frankl, 1905-1997）最廣為人知的故事，就是他在慘絕人寰的納粹集中營飽受折磨，失去父母、妻子和哥哥，只有他和妹妹倖存，萬般絕望卻超越苦難的經歷。最後，他寫下了傳世經典《意義的追尋》，更提出：「苦難本身沒有意義，但人可以透過如何面對苦難來賦予意義。」你可以參考他在九十歲時出版的自傳《意義的呼喚：

意義治療大師法蘭可自傳》。

現在的我們極其幸運。沒有因為戰亂及政治動盪被抓到集中營，成為失去自由、遭遇苦刑摧殘的囚犯。然而可悲的是，許多人卻為自己建立內心的囚牢，把自己關進去，長年感到痛苦，並呼喊著「為什麼不放我出去」。

受苦是沒必要的

我聽過一段很有智慧的話：「受苦是沒有必要的。」換我來說，完整精確的說法是，**長時間的受苦是沒有必要的，除非你完全沒學到**。沒有看見自己在這個苦難中，其實具有改變的責任，也有能力離開。例如離開不友善，甚至是糟糕的職場環境，像是產業低薪困境讓你即使再努力，你的薪資也永遠上不去，即使有部分調幅的空間，然而卻是以更多的時間，用下班後的加班來換取；多數人無法單憑一己之力就能改變產業現狀、社會結構與金融環境錯綜複雜、相互連動的關係，能做的只有離開，另尋他路或創造新局。

抑或是在親密關係裡，交往的對象態度惡劣、劈腿或是跟別人曖昧，對你的心情毫不在意，對這段關係漫不經心，你沒有深入認識自己在這段痛苦關係裡的執著、依附及投射是什麼，尤其是在知道後，採取具體的行動。

我想起幾年前，也曾短暫交往過一位男朋友，當時我對於他若即若離的態度不是很好受，還曾為此去尋求塔羅牌老師解惑。透過牌面算出來的結果，那位老師對我說：「這個人比較自我中心，但你可以再觀察他半年。」你知道我當下的心情、內心OS及接下來的決定是什麼嗎？難道他是金城武？竟然要我觀察他半年！雖然他的外型也很帥，但老娘的時間很寶貴，恁祖嬤的人生沒在等，分手！後來跟他相約見面時，我用了溫和不傷人的方式，委婉地提出分手。如今回顧，真是勵志又帥氣的笑話，然而也更加看見，**當下的決定，扭轉了未來的方向**。

當時能夠做出這樣的決定，並不是逞一時之快；而是長年累積的生命經驗，加上打破問題表層思考的結果。當時三十五歲的我走過的情路、身邊親友的愛情故事，乃至於心理治療工作接觸過的無數個案，看得還不夠多嗎？我們要為自己的人生負起全責，愛情只是人生的一小部分。如果不能心甘情願地留下，那麼即使流淚也要勇敢離開，一邊哭，一邊向前走。更重要的是，我持續梳理自己的內心，去看到我在他身上的投射，認回自己的成長責任。對這段關係最後留下的，就只有感謝。感謝前男友曾在二〇一八年的半夜開車送我去桃園機場，那時他在車上哀怨地說，接下來要自己一個人開車回去。那不明說的溫柔與撒嬌，如今回想，我也沒有在當下接收到並給予肯定，這就是我那時的功課。**深入了解自己的內心狀態，認出自己的功課，你才有可能真正學到。**

穿越問題表象地思考，才可能真正明白，抱怨是沒用的，還會讓人充滿負能量，成為衰事、爛人的磁鐵，也洩掉你原本可以一鼓作氣用來行動的情緒能量。

將抱怨的情緒，化爲建設性行動

多年前的我也一樣，如果跟爸媽、男友或工作上有任何不愉快，就會在好友群組，或跟好姊妹訴苦及抒發情緒。因為受苦必然引發的反應之一，就是想抱怨。然而現在的我不只少抱怨，也幾乎不再抱怨。因為我明白，抱怨沒有用，還會讓自己成為負能量的化身。你以為對方聽到你的批評、抱怨會感到愉悅嗎？不，通常他也會加入他的相關經驗吐苦水，成為負能量大會。然後大家在短暫抒發後，心情稍微好些了，就又能夠回到痛苦的現況待著，而不是付諸改變的行動。

不抱怨不等於壓抑，而是把那些狗屁倒灶的事帶來的鳥氣、怨氣及怒氣，一股作氣，化為更多更積極的行動，作為生命轉變的契機。壓抑是強顏歡笑，是把痛苦吞進去同時「維持現狀」，沒有任何建設性的作為。也因此，原本可以用來幫助你啟動下一步的情緒能量就這樣洩掉，停在原地，維持困境。

現在的我只要偵測到不愉快，想要抱怨的念頭、衝動浮現時，就會更快地去思考「**接下來我該怎麼做**？**才會對長遠的未來有真正的幫助及效果**？」可能是立刻搜尋相關書籍、參考前人的做法。不再像以往只想找家人、好友訴苦。延伸下來，我也不會在社群上討拍，別忘了社群也是另一種厚厚的同溫層，你或許能暫時獲得同情和安慰，但往往也讓自己原本可以付諸行動的情緒能量，如同被洩氣的氣球，能量逸散。

找到受苦的意義，可以幫助你該堅持的時候，繼續堅持；看到受苦的另一層意義，則是你終於學到這些事要教會你的東西，所以你能無恨無悔亦無憾地放下，奮起離去。

當你覺得很辛苦、撐了很久的時候，記得偶爾回頭看看自己走了多遠。那是你肯定自己的最好證據。同時，別人再優秀，甚至更厲害，也不妨礙你對自己的肯定。**看懂受苦的意義，你有不再受苦的權利。**

持續行動，勇於掙脫，你的內心會越來越強大，也會更加富足。帆書（原樊登讀書）APP創始人樊登在《底氣》提到：「內心富足，生命會變成一部傑作。」你會發現，內心強度高的人，往往也是內心富足的人，他能拒絕應該拒絕的，離開應該離開的，挑戰應該挑戰的，擁抱應該擁抱的，去打造他的生命花園，讓花園裡百花齊放，而不是荒煙漫草，還長年置放了一堆垃圾。

祝福你從受苦中找到意義，尤其是從反覆受苦中，學到你應該學到的東西，然後不再受苦。受苦是沒有必要的，將情緒能量化為一股作氣的行動，也讓你的生命成為足以流芳百世的傑作、值得紀錄的歷史。

現在就這樣行動

人生都會遇到逆境、不順心的事，想要找人抒發情緒、抱怨在所難免。可是在抱怨第二次、更多次以後，就會形成難以覺察的不良習慣，更是讓那些使你受苦的事、情境得以維持下來。試著回想近半年來，有哪些讓你感到氣惱，想要跟好友、老同學抱怨的項目？抱怨的次數有沒有超過三遍甚至不只？記錄後，或許你會對統計出來的數字感到驚人。從現在開始，**如果不再抱怨，你可以怎麼做，**就能逐漸跳出受苦的無限循環，即採取建設性的行動。

4-5

持續行動，適度休息，所有過程都不是白費

你可能以為，想要提升內心的強度，勢必要按表操課，時時上緊發條，一刻也不能懈怠。好比那句流傳甚廣的勵志名言：「比你優秀的人不可怕，可怕的是比你優秀的人比你還努力。」曾經，我也把這句話視為圭臬，後來發現許多金句都是因人而異、因時制宜。

就好比有些人早已壓力山大，身心健康出現各種警訊，像是微笑憂鬱、蕁麻疹等無形、有形的問題如影隨形，這時你必須把優秀二字拋到九霄雲外，優先照顧好自己。

那麼在一切正常的前提下，要怎麼安排生活內容和節奏，用什麼樣子的態度面對來到自己生命中的各種挑戰和邀請，進而幫助自己提升內心的強度呢？

我想，那就是「**持續前進，適度休息；保持行動，所有過程都不是白費。**」

別輕忽生命提醒你轉變的暗號

如果說我的前半生有什麼「可能」感到後悔的事，大概就是將太多時間、心力與能量都用在談戀愛，太常玩耍，還活在超級厚的同溫層裡。

相信多數人也跟以前的我一樣，生活在同溫層裡，跟同學、同事……所有你能接觸到的人交流各自的人生故事、分享觀念與資訊。這並沒有對錯，只是自己的成長、觀念的擴展、知見的突破傾向停滯，也時常逐境生情。所謂逐境生情，就是自己的內心時常隨著外在環境的變化而起伏不定，產生各種情緒。

活在同溫層裡，就難以知道外面的世界有多遼闊、工作選擇可以如此豐富、人生發展能夠多采多姿，尤其是接觸到有助於生命反思的深度觀點。許多人都聽過，「你就是你最常相處的五位朋友的『平均值』」。然而能對這段話有深刻的體會，有意識地去提升平均值的人，就少之又少了。換句話說，主動去結識友直、友諒、友多聞的新朋友，並非我們的習慣性選擇。

回到前半生可能感到後悔、沒有付諸行動的事，大概是我二十四歲研究所畢業那年。當時的我無縫接軌，畢業不久就找到工作。其實在那時，碩士班指導教授黃君瑜老師曾告訴我：「培芸，妳的碩士論文可以改一改，去投國際期刊。」在沒有 Google 翻譯等各種近年才有的科技作為幫手的年代，要自行翻譯成英文並改成適合投稿的形式，自然要占用不少時間和心力。那時的我開始適應全職工作的內容，熟悉剛搬到淡水的生活，尤其是還忙著熱戀！因此，投稿國際期刊這件「重要但不緊急」的事就被我無限期擱置，連改都沒有改，更遑論投稿了。

朝九晚五工作帶來的壓力與疲累、占用的時間與精神，相信全職工作者如你一定都有相同的感受。你的內心小劇場應該會是，我回到家都累得跟條狗一樣，哪有精神看書？哪有時間去進修上課？下班後多半天色已晚，用餐、盥洗和整理家務後的時間幾乎所剩無幾，哪有時間去做什麼改變呢？

記得有天下班，當時二十八歲的我在淡水英專路上的書局買了《下班後的黃金8小時》。如今回想，其實我對於妥善運用下班後的時間為人生開掛、翻轉職涯的念頭早已潛伏在心中。只是看書歸看書，行動歸行動，如同許多人一樣，所謂「思想的巨人，行動的侏儒」，腦子總是動得很多，但是要下定決心、願意付諸行動的人，就是沒幾個，我也不例外。

全職工作只是一部分的影響，戀愛也讓我將不少時間、心思用在對方身上，除了日常的相處與陪伴，還規劃兩個人的國外自助旅行，上網研究機票和住宿、各國美食、非去不可的景點……都占掉大半心力。別說是投稿國際期刊，其他曾經有過的志向，像是報考心理學博士班，就這樣被我淡忘。

記得有次和男友在東京旅行，我在明治神宮的繪馬上寫著祈求考試順利。回國後有報名嗎？根本沒有，真是慚愧。曾經好笑地想，難道戀愛誤了我一生？明明二十四歲就有走上國際的機會，不用等到三十六歲出書，才被眾人看見。那時的我就這樣沒入滾滾紅塵，過了十二年，才如夢初醒，幡然澈悟。

對於戀愛這回事，或者是對當時戀愛的對象感到後悔嗎？倒也不盡然。那幾年，我也充分體會到愛情的甜蜜、相伴的滋味。年輕時旅行過千山萬水，提早體驗過追求外在物質的生活；現在才能好好收心，走向內心世界的探索。好比我現在能在既有的工作以外，心甘情願地坐在桌前持續寫作，分享我想告訴這個世界的觀點；心無旁騖、全力以赴地迎接持續到來的各種機會和挑戰。

如果有時光機回到十五年前，我會給二十多歲的自己什麼建議呢？我會告訴她：「可以戀愛，也可以玩耍；但是請妳『有意識地』將優勢、興趣及特質更大程度地發揮，不要讓天賦一輩子在沉睡。」

我並不否定過往的人生。正是這些點點滴滴，造就了此時此刻的我。換言之，你走過的路都不是白費。所以我想做的，是**思維與行動的調整**。以前的我旅行回國不久，就開始計畫下一趟的旅行；然而如果能有覺知地提醒自己：妳不是要投稿國際期刊嗎？那麼列入行事曆，安排一個月來認真修改、付諸行動吧！不是想要報名博士班嗎？開始蒐集各校招生資訊吧！**不要輕忽那些飄過內心的訊號，它們都是生命提醒你轉變的暗號**。

無須妄自菲薄，現在就開始

沒有意外的話，隨著醫療發達，我們這一代的人都會活得非常久，你投入於工作的時間會更長。換言之，我們的職業生涯將會比父母這一代所經歷過得更長。如果你工作得很開心，那麼它只是長；如果你工作得很揪心，那麼它就是漫長。

持續行動，能夠幫助你提升內心的強度。當內心的強度提升，面對不再適合你的工作、環境及要求，你就能勇敢畫下句點，無論是跳槽、轉換跑道或創業，甚至是進而找到你今生的天命，職業就是志業。

試著想想，什麼樣的工作讓你更有生命的衝勁？

什麼樣的工作內容讓你每天都巴不得趕緊醒來，立刻投入？

從今以後的你不再賴床，不再上班等下班，不再週間等週末。

原本你想著一輩子都會待在台灣，領著固定薪水過完一生，然而調整思維、持續行動卻引領你前往外國工作，打開新的可能性。當然你不一定要出國，斜槓發展也會增加工作的樂趣，甚至是創業也不無可能。

行動，會帶來更多行動。意思是，行動必然有結果，當你付諸第一個行動，就會被更多人看見，有更多的機會向你招手。在持續行動的過程中，從「心」安排你的生活，你不需要開始過苦行僧的日子，把自己逼得太緊；但是你可以重新安排你下班後、週末休假的時間。哪些休閒活動太多，只是船過水無痕的娛樂；哪些事情可以為你的人生加分，幫助你提升內心的強度，也讓你更加欣賞自己。

太累怎麼辦?!允許自己立刻躺平休息

持續行動並不代表身心壓力超載，甚至已經出現警訊，還勉強自己繼續努力。我也曾經走過工作塞很滿，下班後身心俱疲，彷彿烏雲罩頂的階段。後來我會特地留白，什麼事都不安排；或是把想看的電影、想逛的地方排進行事曆，作為辛苦工作後的犒賞。若是出現生理訊號異常時，像是頭暈、想吐等，我會允許自己立刻休息，趕緊到床上躺平。

我不需要努力的人設，也不需要別人覺得你好棒，活在別人的嘴裡。說到底，能陪伴我走到最後的，只有自己。

持續行動，適度休息。**所有的過程都不會是白費**。找到你今生最想做的事，驀然回首，就是你的天命。

4-6

不要推遲成爲大放異彩、與心同行的自己

你時常有意識地思考嗎？所謂有意識地思考，就是你能夠覺察自己的思考內容。知道自己的思考會引發什麼情緒，促使你做出哪些事、不做那些事，**人無法選擇自己覺察不到的可能性**。你也開始思索今生最想要實現及完成的有哪些事，因為你益發明白今生所為何來，終於知道自己是誰，不再想要庸庸碌碌、順從他人地過完一生。你想要竭盡所能，去活出一個今生無憾。

所以，打破問題表層的思考已經是你的習慣了嗎？不只是獨立思考，不再人云亦云，而是能釐清脈絡，尤其是洞察未來的可能走向及發展結果，有沒有跟你的今生所願越來越契合。

人無法選擇自己覺察不到的可能性

知名投資人、暢銷暨長銷書作家李笑來在《把時間當作朋友》提到：「我們光是埋頭苦幹，而忘了去思考。」也是我這幾年猛然驚醒的其中一件事，雖然不至於相見恨晚，但卻不斷地提醒我，時不時就要停下來，用不同的角度思考自己現在做的每一件事，每一個決定到底是距離我想前往的地方越來越遠，還是越來越靠近。這就像有些人總會覺得自己缺乏專注力，工作效能很低；如果沒有切換思考角度，去看見最底層的真正原因，像是家裡的問題影響了自己的情緒，情緒影響了你的專注力；抑或是這項工作早已經不再適合你，所以你難以專注在食之無味、棄之可惜的事……若是只淪於追求表面上各種工作能力、技巧的提升，沒有了解真正的核心問題，就會事倍功半，還覺得所有學習毫無價值、閱讀真是浪費生命。

這就好比當我透過未來的角度，發現寫書對我的人生能起到難以想像的長遠好處及複利效應，也就是寫書的意義及重要性遠遠大過於接案、演講及上電視。

後者這一類的工作可以預期當天、下個月就會有確定的進帳，但長遠效益有限，我就能夠有意識地決定，也更有勇氣地將心力、時間安排在眼前「暫時」毫無收益、卻能夠帶來意想不到長遠效應的事。所以每隔一段時間，當我有更想完成、必須聚精會神、減少干擾、進入微閉關狀態才能做好的項目時，我就會婉拒電視通告邀約，不讓時間被切割成更多的碎片；把心理治療工作量、能接案的時段預先規劃出來讓治療所和個案安心，也確保我真心想做的項目能持續前進。

減少眼下的收入，會喚起所有人的生存焦慮，讓你更加畏首畏尾，無限期地延遲你最想做的事，這正是多數普通人都曾面臨的問題，也是我曾面臨的考驗。離開全職工作就會失去保障，兼職養得起自己嗎？電視通告當天就能領現、不接不是很可惜嗎？創業會成功嗎？不是說多數創業都是以失敗收場……我想起多年前，從醫院全職工作離開後，展開多處兼職的行動心理師生涯，辛苦當然有，自由也很多。當時就有學長請教過我，因為他也想要離開醫院，放眼望去能夠問誰呢？大概就只有這個學妹可以問。

我不一定走得比較好，但是人生的許多事，我總是走在前面。離開全職工作的保護傘，喚起學長的許多顧慮及擔憂。記得我當時說了很多，然而最重要、感觸最深的就是這一句：「**自由，是一種你嘗過就再也回不去的東西**。」這也是我打從二十八歲離開醫院全職工作後，就再也不曾想回去的最主要原因。穩定固然好，自由價更高，擁有自由才可能去打造真正適合你的工作型態與生活組合，才能盡可能地去發揮你的天賦與潛能，而不是消磨在各種瑣碎、並不是非你不可、別人做也可以的事務中。

這幾年我跟多年好友相聚，席間分享的，泰半也是同一件事，直指他們生涯議題的核心。作為有足夠深厚友情基礎、彼此互信的朋友，我不需要拐彎抹角地說話，而能直接點出問題的本質，同時也是多數專業人士不會告訴他們的，重點不在於去學習如何減壓，誠然，放鬆是很重要的事，事實上可能是這個人、這個領域已經不再適合你。

所以每當我對好朋友說了真心話，就會同時附帶一句：「我是最愛你的惡魔好朋友。」我捨不得好友花大錢，耗費大量時間去上了許多課，才終於明白大道至簡、萬佛朝宗，搞了老半天就是這個問題，也就這個要旨，我現在就告訴他：

與心同行，活出自己。懂得切換思考角度，面對自己的內心，就會得到最適合你的因應之道、解決方式。

人生從來不是贏在起跑點，而是贏在轉捩點

前幾年我為了準備出國，有段時間認真學習英文，所以會大量收聽、收看英文頻道，為自己打造沉浸式的學習環境，因而意外知道世界頂尖的領導力專家，也是慈善家羅賓・夏瑪（Robin sharma）。我先讀了他的《喚醒心中的領導者》，其中那段「每個人在誕生時都是天才，但很遺憾的，大多數人辭世時只是個凡人。」讓我心頭為之一震！有趣的是，他的最新著作，像是《清晨五點俱樂部》正好跟我的生命哲學不謀而合，我們都是晨型人，差別只在於他是「The 5AM Club，我是 The 4AM Club，比他更早一小時，但有可能我也睡得更早。睡飽了就起床，精神飽滿、動力充足、喜悅地迎接一整天的開始。

如今成為世界知名領導力大師的羅賓・夏瑪也跟不少人一樣，有著艱難的

過去，擁有平凡、甚至更糟糕的起跑點。他在加拿大東海岸的小城市新斯科細亞省的達特茅斯成長，出身貧寒、被人嘲笑與否定，甚至在求學期間還有老師說他無法讀完高中；當然也有善意的老師能看到他的潛力並給予鼓勵。後來他努力學習，當上律師，擁有世人豔羡的成功卻很不快樂，所以他開始思考，去研究許多偉人的一生，去學習那些最有創造力、富有生產力和最快樂的人的習慣及生活方式。後來他把他的學習和體會寫成了《和尚賣了法拉利》，不只暢銷還開始全球巡迴演講，幫助企業培訓，連億萬富豪、《財星》雜誌前百大執行長、美國職籃明星、頂尖藝術家都是他的客戶，他也擁有了滿意的職業生涯。

我透過大量觀察及反思，才領悟到「人生不是贏在起跑點，而是贏在轉捩點。」一開始贏在起跑點的人很多，挺過中繼站的人不多，而能夠好好跑到終點、安全下庄的更是少之又少。為什麼呢？因為在遭遇挫折、突發變故的時候沒有挺過去，陣亡了；或是風光時，卻沒有持盈保泰的智慧。

反觀那些出類拔萃、影響力無遠弗屆的人，往往都沒有讓人羡慕的起點，更沒有含著金湯匙出生，而是在遭遇到生命的挫敗、打擊時沒有放棄自己，能內省、反思加上付諸行動，成為他們生命中一個又一個轉捩點，從谷底爬起，再攀顛峰的契機。

我的起跑點也夠平凡了，讓我被人認識的正是離婚、出書這些轉捩點，離婚沒有擊垮我，反而幫助我覺醒與蛻變，活成更加喜歡、更有力量的自己。

祝福你與心同行，潛力全開、大放異彩的自己相遇。

現在就這樣行動

《郝聲音》主持人、台灣科技業和金融業出身的暢銷作家、講師郝旭烈說過：「不做不知道，做了才知道，輸得起就好。」正是人生智慧的濃縮。許多人裹足不前的其中一個原因就是認為自己不能輸、輸不起，深怕投入時間、金錢和心力，卻竹籃打水一場空。然而，你到底會輸掉什麼呢？

試著寫出你害怕失去的是什麼，越具體越好。

1. 如果真的發生了，結果會糟糕到萬劫不復嗎？發生機率這麼高嗎？
2. 萬一不小心成功了呢？

邀請你思考自己其實輸得起，並不是要你聚焦在輸；而是希望你站在更高的視野，看見生命有其他可能性，讓自己更敢付諸行動，因為所有的可能性也都是由你的行動開啓。

Action 5

活在當下的開關

全神貫注、全力以赴。
當下就是威力之點。

5-1

別讓次要目標占據你的注意力，消耗你的能量

你是不是時常覺得想做的事很多，但是時間總是不夠用？在時間管理的觀念中，除了眾所周知，我也受益良多的艾森豪矩陣，即「時間管理四象限」，由「重要性」和「緊急度」兩個項目做為軸線，組合成的矩陣，分為：重要又緊急、重要但不緊急、不重要但緊急、不重要也不緊急。

三十二歲以前的我也將不少時間用在不重要也不緊急的項目，所謂追劇。當時流行的美劇、韓劇看過一部又一部，例如《冰與火之歌》。下班後的晚上一集又一集地追下去，自然沒有將時間投入各種重要但不緊急的事，例如跨領域學習理財和投資等。

雖然從小到大都有閱讀、學習的習慣，但早年相對文青，閱讀的領域多在文

學、哲學、心理學、藝術等方面，學習的項目則幾乎都是音樂和語言，除了小時候學習多年的鋼琴、大學時參加管樂社而學習長笛，還有出社會後，也曾報名社區大學的烏克麗麗，以及近年學了約莫半年的大提琴。

語言方面除了英語，早年也學過日語、法語、西班牙語，學習時間長度依序遞減，西班牙語是我出書前，私人時間較多時，最後一項學習的外語。因為熱愛旅行，所以我學習外語的目的都是為了到異國能有基礎的對話能力，為旅行留下更深刻的互動與回憶。當然年久失修，上述各種外語能力除了最基本的打招呼，其他也差不多都還給老師了。

時間管理四象限固然好用，然而讓我如夢初醒的，是著名投資人華倫·巴菲特的「雙目標清單系統」（Two-List System）。什麼是雙目標清單系統呢？這要提及一個精彩的故事。曾為美國四任總統開過飛機的邁克·弗林特（Mike Flint），也擔任巴菲特的私人飛行員十年多，有次他請教巴菲特關於自己的職業生涯目標。這時巴菲特請弗林特去做一件事，先寫下他認為職業生涯裡面最重要的二十五個目標，接著，再審視一次這份清單，然後圈出他認為最重要的五個。

這時，巴菲特問他，你知道該怎麼做了嗎？弗林特回答，我知道，我會立刻進行這五個目標，至於其他二十個不急，我就留到閒暇的時間去做，慢慢地實現這些目標。

你知道巴菲特怎麼回答嗎？

巴菲特說：「不，你搞錯了。剩下的二十個目標，不是你應該在閒暇時間去實現的，而是你應該『盡全力避免去做』的事，你應該像避免瘟疫一樣躲避它們，不要花任何的時間和注意力在它們上面。」

這個精采的故事、觀念與延伸之意讓我深刻有感！因為哪怕是現在的我也一樣，忘了閒暇的時間也是時間，可長可短，哪怕時間短，加總起來也是很驚人。尤其，這些剩下來的二十個目標，也都是你列出來的目標。換言之，你會覺得他們也很重要，即使閒暇時間來做，也具有相當的合理性；卻沒有意識到，閒暇時間就是用來放鬆的，用來留白的，用來幫助你切換 ON／OFF 狀態。多數人不了解這裡的後續影響，就是**你用閒暇時間來完成次要目標時，也沒有真正休息到**。

換言之，**要讓自己的能量聚焦在主要目標，別讓任何次要目標占用你的時間、注意力及能量**。

不只是次要目標，社群也會瓜分你的注意力

因為我自己正是興趣廣泛，電腦視窗會開一堆分頁的人。任何有興趣的事、想讀的書、渴望去做的事情……彷彿可以無性生殖，持續增生個沒完，也讓我不時陷入分心的狀態。

《人生勝利聖經：向 100 位世界強者學習健康、財富和人生智慧》提到：「沒有放進行事曆的夢想都不是真的。」為了讓你能量對焦，全神貫注，你必須把真心渴望實踐的事，立刻填入你的行事曆中。不管是不是那天就執行，至少它已經在你的生命及優先序裡卡位了。

這也讓我回想起二〇二〇年，準備撰寫第二本書《微笑憂鬱》時，出版社總編輯告訴我：「這個主題接下來可能也會有其他人寫，如果可以，看能不能寫得

快一點。」這句關鍵的提醒，啟動、改寫了我後續的寫作時程安排，也讓我看見我長年沉睡、從來不曾深入認識到的寫作潛力。

當時我依舊維持心理治療工作、演講等既定行程，但「有意識」地減少使用Facebook、Instagram 等社群軟體，進入微閉關狀態，沒想到二十五天就完成初稿。這個經驗也帶給我極大的鼓勵與信心。它讓我看見寫作素人如我，只要別讓次要目標占據注意力，避免那些看似重要的事，就能用出乎意料的速度，完成重要性 Top1 的事。

這二十五天裡，我幾乎一天一篇，也曾一天三篇。我盡量不把時間用在朋友群組的閒聊，這也是現代人的隱患。因為好玩有趣、可以讓我們分心並流連忘返的事物實在是太多了，多數人也都有錯失恐懼症（Fear Of Missing Out），深怕錯過什麼熱門議題或朋友之間的事。無論是社群、聊天還有最近興起的短影音，都在瓜分我們的時間、打斷你的專注力。適度少用社群，保護你的注意力才能聚焦你生命最重要的目標，及想要實現與完成的事。

把重要目標列入行事曆，全面性地視覺提醒

列出最重要的 Top 5 或 Top 3，透過視覺提醒並列入行事曆，從微小行動開始。我會將想要實現的目標、想要體現的事，立刻排進 Google Calander；或是寫在小紙卡上面，貼在我每天都會經過、能夠看得到的地方，像是書桌前或牆壁上，時不時地提醒自己；也曾經用白板筆寫在浴室的鏡子上，早晚刷牙、洗臉甚至洗澡時都在對自己耳提面命，雖然最後一項似乎有些誇張，但也不失為一種好方法。

曾經，我也覺得寫書很難。在正常工作的狀態下，一本書七八萬字，用工作以外的時間來寫，不知道要多久才能寫完。現在的我會按部就班地寫，同時提醒自己，無須寫得太快，不要讓自己過勞與超載，時時觀照自己的心身反應。我已經不再需要用高速寫作證明自己的能力，這也是透過持續行動、從生命經驗中淬煉出來的內在自信。

別讓次要目標占據你的注意力，消耗你的能量；
全神貫注在你的主要目標，活出你最強的目標執行力。

現在就這樣行動

在接下來的這段時間內，集中火力在前三重要的項目去執行，其他五項、十項或更多的次要目標，請放到三個月或半年後的行事曆。如果前三重要的項目有任何一個已經完成，就可以把一個次要目標安排進去。

列出來之後，請保持高度覺知，提醒自己，不要分散注意力及能量到次要目標上，該休息、放鬆時，就好好休息。

5-2 活在當下，從而「活好」每一個當下

我們到底要怎麼去過每一天，尤其是在遇到突如其來的意外、棘手的事情時，可以採取什麼樣的態度？我想，就是活在當下，從而「活好」每一個當下。

二〇二五年讓我格外驚喜的一項合作，是「生鮮時書」邀請我和知名作家，也是我敬佩的吳若權老師對談當代心靈大師艾克哈特．托勒的《當下的力量》。為什麼我會感到詫異和欣喜呢？這就要先提到，我和《當下的力量》冥冥之中的奇妙緣分。

在我三十九歲生日當天，我意外發現博客來官網出現《當下的力量》六六折的優惠。離婚後，我才真正開始接觸靈性領域的知見，其中就包括艾克哈特．托勒的《當下的力量》、《一個新世界》等好書，早已經從中受益匪淺的我，立刻

訂了一批送給親朋好友。光是這個 1/365 的「巧合」就讓我印象極為深刻，如同榮格所說的共時性（synchronicity），所謂「有意義的巧合」。沒想到，這個有意義的巧合無聲延續到兩年後，能跟吳若權老師對談，這讓我更加體會到「生命沒有偶然，而是為了引領你走向內在、活在當下的神聖安排。」

為什麼活在當下這麼重要呢？

因為**現代人的心更加散亂，總是心隨境轉，而不是境隨心轉**。尤其，我們都身處社群發達、網路不離身的時代，每天層出不窮的新聞事件，像是百萬網紅翻車、大明星戀情曝光……都會讓你分心去關注，甚至還投入自己的時間和心力去留言及討論，卻忘記要把注意力不斷地拿回到自己身上，處理好眼前真正跟你有關的事物，去善待身邊的重要關係人。尤其，因為不斷受到外境的干擾，影響了你的思考、情緒和能量，讓你的思維混亂、情緒起伏及能量消散，也就難以在預定的時間內完成原本該完成的項目，更遑論能有高品質的成果與表現了。

念念相續，循環往復

為什麼活在當下這麼不容易呢？這幾年我接觸到佛法，其中的浩瀚與智慧，讓我一再驚嘆，也受益良多。尤其是「念念相續，循環往復」的觀念有如暮鼓晨鐘，當頭棒喝。多數人如同以前的我總是前念生後念，一個念頭又生出下一個念頭，從來沒有覺察到第一個念頭是什麼，也帶來沒完沒了的煩惱、執著與痛苦，無法好好地活在當下，巧合的是，歷經《星報》及《大成報》總編輯、《民生報》總監，六十五歲轉職作家的人生前輩高愛倫女士，對於現在的我，卻有如下描述：「專注讀書，而非隨手翻書。」

我想起有一次到中廣上吳若權老師的節目，在錄音前夕，原來若權老師家的看護阿敏，匯款轉帳到海外時疑似遭遇詐騙，需要若權老師先緊急代為墊付將近四萬元的金額給她的家人用於醫療支出。沒想到，若權老師從容不迫地處理好這件天外飛來的無端橫禍，電話裡沒有怒氣沖沖、不耐煩與指責，就是在當下盡力處理，做所有他能做的，不讓問題持續蔓延。說實話，我當下的想法是如果四百也就算了，四萬欸！相差了一百倍，怎麼可能不肉痛？至少也要鬼叫一下或抱怨一下吧！然而若權老師就是態度溫和、平心靜氣地處理完畢，接著就上場主持節目，果然修為不同，我還差多了。

活在當下，你就知道聚焦在當下能做的事，而且是真正長遠有益的事，不再是去抱怨它，甚至是逃避它。若權老師活在當下的處事態度，妥善控制住問題沒有擴散及延燒，也沒有影響後續的工作表現，好好地完成錄音及專訪。

這讓我想起《楞嚴禪心》中的「現象如波浪，佛性如大海」。波浪起於海水，時而洶湧，也時而消退，我們的念頭、情緒就像波浪。外在事物的紛紛擾擾，總是相應於我們內心深處那些未解的議題，不時掀起巨浪。如果無法活在當下，安住當下，我們就會讓自己的心境時常波濤洶湧，不斷責怪他人或環境，也無法活好當下。

活好，是能夠保持平靜、活出喜悅

外在環境不可能沒有風雨，無論是國際政治經濟局勢、生活當中或大或小的事，都會對我們的情緒、人生造成影響。可是我們都希望自己能夠活得好，那怎麼樣才算是活好呢？就是盡可能地保持內心的平靜，活出內心的喜悅。前者，是為了讓我們做出正確的判斷，說該說的話、做該做的事，不是出於恐懼、憤怒、嫉妒或貪欲。

可想而知，出於前述情緒所做的決定，往往在事後讓人懊悔不已。後者則是可以分享出去，將你的喜悅感染給更多人，能夠振奮人心，讓他們充滿希望，你的生命故事成為鼓勵他們前行的支持。外在物質層面的富足，也可以是活好的一部分，但並非用來衡量活好的唯一及絕對條件。

活在當下的前提之一，懂得適度拒絕

出書後，我的工作內容、型態與合作邀請越來越多，簡言之，越來越忙。

不時會收到出版社來信，希望我在粉絲專頁無償分享新書。分享善知識我自然是樂意的，然而這些邀請不只讓人負載過量，也直指多數人都有的內在議題，你有沒有「被討厭的勇氣」？婉謝贈書，才有充裕的時間仔細閱讀我真心想讀的自選書。

如果你總是來者不拒，又怎麼好好地活在當下，聚焦做好眼前的任務？一個人的當下如果總是被人情綁架，心情自然不平靜，也活得不好。尤其在執業期間，我會把心理治療的個案放在第一順位，而不是把社群經營放前面。**減少那些並不是「非你不可」的事**，你需要跨越「被討厭也沒關係，尊重自己狀態」的考驗。

活在當下→活好當下→提升內心強度是一個正向循環

無法活在當下，總是懊悔過去及擔憂未來的人，自然也就活不好當下；活不好當下的人就是體驗到更多的做不好與挫敗感，更加缺乏自信，內心也更脆弱不堪。反之，如果你開始活在當下，將注意力及能量用在處理好眼前的要務，能用友善的態度與周遭人互動，自然就會得到正向的回饋、進入正向的循環。

從日常生活開始，聚焦在你真正想要的當下。以前我渾然不覺，都是被動地接受社群推播給我的內容，臉書滑到什麼，就讀什麼。你可以觀察，有些知名KOL明明每天都有新的發表，但有些文章按讚數明顯過低。顯然，他的讀者群很被動，不是主動去閱讀他的文章。現在的我會每天主動搜尋我喜歡的粉專又有哪些文章更新，而不是被動等臉書、IG餵養我內容，忘記此時此刻我最關注、渴望學習的平台內容進展到哪裡了。

一起活在當下，也活好每一個當下。串聯起來，就是很棒的人生。不是嗎？

5-3

活出內在大人，才能活成最好的自己

每個人都希望自己能越活越好。遇到問題時不像以往退卻，而是能夠獨當一面，甚至能展現出萬夫莫敵的氣勢，泰山崩於前而色不變，麋鹿興於左而目不瞬。在社交場合、人際互動時能給人不能輕忽與怠慢、不好惹的感覺。不是外表上的虛張聲勢，而是從裡到外的無形氣場，讓人感受到一股不言喻的威儀，越活越好的人往往也不會以受害者、孩子的心態自居。

出書以來，收到的演講邀請很多，出書邀請也不在話下。我的前四本書都是在寶瓶文化出版。就在為第四本書《心理防衛》進行新書宣傳時，親子天下希望我能針對「內疚」這個主題進行書寫，成為一本幫助讀者放過自己、理解他人的重啟生命之書。某天下午，編輯和我約在建國北路的書香花園餐廳，一起針對新書架構及內容進行腦力激盪。就在討論過程中，我有感而發地說：「很多人都一把年紀了還在內在小孩，活出你的內在大人吧！」沒想到這段話竟然讓現場的編輯們立刻笑出來，也表示很有同感，覺得該主題可以是我的再下一本書。

這正是我成為心理師並從業多年，也閱讀數百本心理勵志類書籍的深刻感觸。去探討原生家庭帶來的創傷沒錯，想要了解過往經驗，無論是情傷、被同儕欺負、被老師疏忽……可能造成的負面影響也是人性，然而多數人都只停留在找原因，想要找出是過往的哪一個事件讓你自信薄弱、讓你沒有勇氣，泰半都是將注意力焦點放在你認為需要為你負責的對象，而不是去尋找前進的方法，**盡可能地付諸建設性的行動，讓自己聚焦當下，活在當下**。

有意識地提醒自己：此時此刻我能夠做什麼？

你要療傷多久呢？從過往找原因、尋找為你困境負責的人，是永遠也找不完的。有些人探討原生家庭，也有人探索前世今生，透過算命、通靈等各種玄學的方法，去爬梳多生多世、錯綜複雜的關係，然後呢？彷彿知道原因，就能夠真正理解及放下了。若能如此，自然很好。然而常見的狀況是，因為找到了「始作俑者」更可以去怪罪、歸咎，把注意力和能量都集中在過去，而不是更有意識地提醒自己：如果想要活出自己喜歡的樣子，想要前往真心渴望的地方，想要提升內心強度，此時此刻的我能夠做什麼？

這也讓我想起這幾年，突然湧現心上的一個兒時回憶。大概在我五歲時，有一天回到高雄內門區，那是我爸的故鄉，他成長的地方，當時阿公、阿嬤都還健在。傍晚時分，我們三代人就在三合院外的空地及樹旁乘涼，年幼的我正跳舞轉圈給阿公看，長年務農的阿公很開心，我爸就站在附近看著，印象中的他沒特別幹嘛，大概是在他老爸面前也比較乖，所謂一物降一物。推算我爸當時的年紀才三十五歲，相較於浮現這個回憶、正在撰寫這本書，已經四十一歲的我還要年輕。這個童年回憶不禁讓我掀起深刻的感悟及自我期許，在心中暗暗地對著去世多年的阿公說：「阿公！我會照顧好你兒子和媳婦，讓他們能安享晚年，你就放心吧。」

這個深刻的感悟代表什麼呢？我不再只是我爸媽的女兒，不是年幼無力的孩子了，我早已經是貨真價實的「大人」，應該、能夠、也必須為自己的人生負起全責。爸爸的威權教育、媽媽的隱忍退縮，曾經讓我覺得苦不堪言，認為是他們造就我不快樂的童年、慘綠的少年。然而唯有回到當下，活出內在大人，把成長的責任全部拿到自己的手中，才有可能透過接下來一步步的行動，提升內心的強度，也活出最好的自己。

把成長的責任全部拿到自己手中

每當收到必須面對大眾的演講邀請，尤其是異質性、挑戰程度更高的演講時，冒牌者症候群也會在心中隱隱騷動。然而，卻因為提醒自己要活出內在大人，那些不安、自我懷疑就能大幅減輕。

試想，如果一直讓自己退到孩子的位置，或以受害者自居，就可以輕易歸咎於：都是因為我沒有顯赫的家世背景，或者我曾經被打擊、遭遇挫敗的經驗……光是起跑點就差人一大截；做不到這些事，是因為內心的傷口還沒復原。你可以清清楚楚看到，**一個人想要沒自信，永遠都可以找到讓你沒自信，而且都是別人造成的原因**。

出書後，我兩度受邀到房地產代銷公司傳真實業演講。第一次適逢疫情期間，所以是線上進行，第二次是到公司內部演講，邀請我的是傳真機構副總鄭子傑先生，說來也是神奇、殊勝的緣分，因為我們曾在同一間教室練習瑜珈而結緣、認識。除非是企業講師，或是有出書並相當知名的心理師，否則多數心理師收到的都是校園演講邀請。而且談的也多半受限於心理健康、精神疾病、與社會議題相關的心理主題。

記得第一次線上演講結束時，傳真機構董事長王明成先生給我的回饋是這麼說的：「妳是我出社會以後，少見這麼親切又清新的講師。」當時我內心的OS是，簡言之「不油」是嗎？這個回饋對我是莫大的肯定，是高級讚賞，也很少見。讓我再次體認到用心準備與呈現，與「做真實的自己」不違背，無需過度勉強自己去迎合、去成為大眾印象中講師的樣子，失去自己的獨特性。

第二次終於來到傳真機構公司內部演講，講題是「活出最好的自己」，不得不說這是迄今為止，我最喜歡的講題。為什麼呢？長年把注意力焦點、能量放在療傷及過去，什麼時候才要邁開大步前進，去發揮你的天賦與特質，去活出你的最好可能，進而擁抱美好、豐盛與無限精彩的人生呢？尤其，這樣的活法能夠幫助到更多人，促成社會、國家乃至於全世界的正向影響與發展。演講結束後，我收到王明成董事長餽贈的琉璃紙鎮，橙色透明的紙鎮上刻著「取法乎上」四個字。它現在就放在我的書桌前，無聲地提醒我，也勉勵我「取法乎上，僅得其中；取法乎中，僅得其下；取法乎下，無所得矣。」

活出最好的自己，來自深入認識自己，持續行動，發揮你的天賦、潛能與特質，內心強度也會隨之提升，迎來一再蛻變與升級的自己。我想起《神的妻子：經營之神松下幸之助與松下梅之的創業物語》寫到：「他們作夢也想不到，有朝一日會成為日本第一高的納稅人」。是啊！人的蛻變真是無法預料。

永遠不要畫地自限。只要你願意開始面對自己，認識自己，決心改變，連帶而來的成長、收穫和創造性的成就，不只自己受惠，連你的家人、朋友、社會乃至於全世界都被庇蔭了。

5-4

每個人的最好可能都不同：聚焦你的擁有，而非你的沒有

內心強度高的人，一定是先天、後天擁有各方面絕佳條件的人嗎？健康、亮眼的外貌、顯赫的家世、財力……那可不一定。往往是他的「沒有」讓他在絕境中逼出潛能，讓他更專注於他的擁有；又或是人生中途的意外，喪失最引以為傲的能力，從谷底爬出來的經驗，幫助他們的內心強度持續提升，也讓人敬佩。

許多人知道中國首位獲得諾貝爾文學獎的作家莫言，他的名作如《生死疲勞》，然而我更想提到他的好朋友，命運乖舛卻才華橫溢，有強大行動精神、充滿生命能量的作家史鐵生。當我知道他的生命故事，閱讀他的著作《我與地壇》時，數度想流淚。

他在年少時，也跟多數人一樣健康，中學就讀清華大學附屬中學，成績優

異，推想未來肯定擁有大好光明。沒想到在他二十一歲時，生了一場大病，導致雙腿殘疾，終生跟輪椅相伴，這個意外的巨大轉變讓他本可以恣意綻放、闖蕩天涯的無限人生，變成只能坐在輪椅上看斜陽，絕望地等著生命的凋零。不只如此，後來他還出現尿毒症，一輩子要靠透析維持生命，讓他自嘲「職業是生病，業餘在寫作」。

然而，正是因為他飽受病痛折磨的同時，不只沒有放棄生命，還活出了堅毅的精神，持續寫出真誠、高度反思及充滿感染力的作品，高達數百萬字，才讓我眼睛為之一亮，想要深入一探他的生命與靈魂之傳奇。不只如此，我也看到他與母親的動容親情、與太太之間的深情。

在《我與地壇》中，好幾段讓我印象深刻。例如：「世上的一些事多是出於瞎操心，由瞎操心再演變為窮干涉。」有沒有說中你的無奈，甚至覺得好笑呢？**那些專注於活好自己的人，都沒有時間和興趣去干涉別人的生活，甚至是控制。**最讓我拍案叫絕的是這段：「人與豬的自然差別是一個定數，人與人的心理差別卻無窮大。」一個願意持續行動，不斷學習與成長的人，就會與身邊的人開始不同頻，形成越來越大、乃至於無窮大的差距。就像你可以看到許多人原本跟國小同學、甚至是研究所同學是差不多的水平，然而隨著時間的推移，各自後來的發展卻產生天壤之別。我指的並非只是世俗定義的成功，而是內在的豐盛、看待生命通透的程度。

史鐵生雖然不良於行，病痛纏身，但是他更多地聚焦於他能做的事，像是寫作，而不是他所沒有、不能做的事。他的妻子原本是他的讀者，後來透過通信認識，進而產生愛情，最後還走入婚姻。這也讓我們一再看到，愛情真的是建立在所謂的世俗條件嗎？外貌、學經歷、家世背景，還是曖曖內含光的特質與人品，才是互相吸引，能夠相愛、相知與相惜的真正原因。

不只史鐵生，二〇〇八年獲選美國《TIME》時代雜誌全世界百大影響力人物，活出奇蹟，也寫出《奇蹟》的吉兒・泰勒（Jill Bolte Taylor）最讓人津津樂道的，並不是她身為神經解剖學家、生命科學博士的學經歷，而是她在一九九六年突然左腦嚴重中風，失去說話、閱讀、行走等能力，然而她並沒有一蹶不振，經歷八年的復健歷程，後來完全康復的真實生命故事。她透過自身腦部功能瓦解的生命危機，有了全新的深刻體悟，認為傳統的二分法，也就是左腦掌管理性、右腦掌管感性並不正確，她的最新著作《全腦人生》說明大腦不同部分之間的相互關係，希望讀者明白怎麼思考、感受及生活，能成為最棒的自己。我很喜歡她說的：「我們有能力時時刻刻選擇自己想要成為什麼樣的人，以及如何才能成為那樣的人。」

相較於史鐵生和吉兒．泰勒，我們實在是幸運地多。擁有多數人都擁有、卻視為理所當然的幸運，也就是健康。即使有小毛病，但都是短暫的，不至於造成重大妨礙，能夠去想去的地方、吃想吃的東西、做任何想做的事，而不需要過度費力，甚至被外界限制。

全力以赴每一個當下，聚焦你的擁有

這也讓我回想起一件趣事。出書的第一年，我受到可道律師事務所吳存富主持律師的邀請，前往扶輪社演講。吳律師的妻子林靜如是女性創業家，也是我很欣賞的好朋友。

演講當天，就在我抵達台北國賓大飯店宴會廳時，門口的服務員問我：「請問妳是哪位社長的千金？」剛出道的我一時半刻有點當機，接著回過神來說：「我是講師。」雖然有點想笑，但我仍維持鎮定地走入會場。放眼望去，現場全都是中年以上的男性董座，有幾位不是可以當我爸，而是可以當我阿公，也難怪接待人員會吐出這樣的問句。

都說初生之犢不畏虎，我看似神色自若，其實緊張、興奮又焦慮，畢竟對當時的我來說，這可是前所未見的場子。

普通工人家庭出身的我，從來都不是學霸，沒有威風八面的頭銜，卻要站在國賓飯店宴會廳，跟董座們演講「中年不是危機，而是幸福的契機」，腳底似乎升起一陣陣的涼意。然而我想，我是以心理師及作者的身分受邀，我所擁有的，就是執業十多年的臨床心理專業能力和經歷，其他我目前所沒有的，像是相較於台下董座擁有的雄厚資產、人脈網絡……那些可能長達三四十年的累積，以後再說。更何況現在沒有，不代表以後不會有。

最重要的資產，就是你自己

你有你自己。許多人的信心不足，是因為只有看到成功人士的現在，那些豐功偉業及盛名，留下的厲害作品，而不是展開時間軸，去理解他們的過去，他們走過的淒風苦雨，可能比我們還要辛苦十倍。不只是史鐵生、吉兒．泰勒，海倫．凱勒也是。只是我們往往都只把這些偉大的生命當成打發時間的故事在看，看過也就忘了，或者只是用來考試，而沒有用來反躬自省，對照自己的生命，他們的人生能帶來什麼樣的重大啟示；在得到啟示後，有沒有卯起來執行。

每個人的「最好可能」版本不同

相信你已經發現，**每個人的「最好可能」都是不一樣的**。不是每一個人都要成為腦科專家、醫師、作家、音樂家，尤其有些頭銜感覺很厲害，有些容易贏來掌聲，總是讓人隨波逐流地心生嚮往。史鐵生有他的天賦及條件，你有你的，我有我的。我們能做的，就是聚焦你的擁有，而非你的沒有，化為當下的行動，並且**極大化所有你能夠去做的行動**。當你越是聚焦於你的擁有，甚至懂得享有，也能更加體會到無入而不自得的快樂。

不斷向外攀比，去看到別人有的，而自己沒有的，就會三不五時感慨投胎投錯了；又或是「吃碗內，看碗外」，無法專注當下，也錯過許多機會。**機會不只是留給準備好的人，更是留給願意行動的人**。路，越走越開闊，屬於你的最好可能，也會在持續行動的過程中越來越明朗。

聚焦在你能夠做到、做好的事，這些具體的成果能提升你的內心強度，你的最好可能也就不遠了。

現在就這樣行動

你擁有什麼呢？

你可能不曾仔細思索過，自己擁有的其實很多，只是乍看之下很平凡，容易忽視，沒有好好運用。好比每天擁有多少可以自主的時間、擁有想去哪裡就去哪裡的健康、擁有想做什麼就做什麼的靈活四肢、擁有同理心、擁有演說的能力、資料彙整及重點摘要的能力……

第一步：請你試著寫下來，無論是抽象或具象。

第二步：你可以怎麼好好地運用它、發揮它。

第三步：持續執行它。

5-5

累積每一個當下，活出今生的自由

活在當下，不被分心，對現代人來說，是更困難的挑戰與必須突破的議題。因為手機實在太方便了，方便到隨時隨地都能直接打電話或發送訊息，哪像民國七八零年代，要回到家才能撥打電話，或者使用路邊的投幣電話，才可能找到對方。每一次通話，不只是當下事件的中斷，也帶來心情的攪擾。好比你撥打電話找人，他沒接你的電話，下一秒你卻看到他在社群上活躍，你不禁火大，揣想著對方是故意的，徒增許多不必要的誤解和爭執。科技便利下，許多人內心的不安、焦慮與控制欲更是無所遁形。

與親人的反覆拉扯，帶來頓悟般的覺知：用建設性的行動爭取自由

我想起從小到大的成長往事，更連結到幾年前的重大決定。**你必須主動去教育你身邊的人**，哪怕是生你養你的父母，用溫和、堅定甚至是幽默的方式，一起重建互相尊重，也更加自在的互動模式。自有印象以來，我的父母就是標準的控制狂，尤其是父親，若我出門晚些回家，或者他想要掌控我當下的行蹤，就會開始奪命連環扣，讓我苦不堪言，壓力山大。

大學時期有次跟高中同學及補習班老師聚餐，不過晚間八點，我爸就開始狂打我的手機接近十通，嚇得我趕緊請其中一位同學先騎車送我回家。還有一次，大學管樂社到溪頭集訓，晚餐後大夥到山上散步，就在歡笑聲洋溢的同時突然我的手機響起，原來是我爸打來，因為山區訊號太差，手機瞬間沒了訊號，讓我當時的心情七上八下，心想沒接到電話完蛋了。這樣的故事層出不窮，也讓我損耗心力。

就在這幾年，我做了個決定。我鄭重又溫和地跟爸媽表達訴求。我說，如果你們晚上七點多打電話過來，我的手機卻關機，那只代表一件事：我正準備進入休息或正在休息。全世界的人都找不到我，不是只有你們。如果有什麼事或只是想關心我，可以隔天清晨再通話。

力量就在當下，不在未來，也不在過去

一開始我的父母也難以接受，依舊有「妳是我的女兒，哪有這回事」之類的質疑聲浪。然而，我持續透過建設性的行動證明給爸媽看，你們不需要擔心，我也會超前部署、主動打電話回家，讓父母明白我很平安、最近都在忙什麼、剛剛結束什麼工作，不用等到他們看電視或社群才知道我的近況，那些都是落後資訊了。

如果我沒有覺察到這件事的重要性，並且**將想法化為當下的行動**，去跟父母說明，那麼只會累積更多被控制的怨氣、被打擾的怒氣。年紀漸長的我也明白他們為人父母的難處及無意識模式，總是把關心化為擔心，總是把保護化為控制。

我也從中看見，我不再默許這些事的發生，不再容忍其實無效的老舊信念：我以為接受打擾及控制就能讓他們放心，殊不知只是得到短暫的安心、假象的和平。我深刻體會到，我應該好好表達我的感受、說明我真正想過的生活，因為**生命即表達**。

這個頓悟般的覺知，發生在我三十七歲。換言之，如果有人看到我現在能和父母談笑風生、相處氣氛輕鬆，那絕對不是天生的。也是當了鴕鳥十幾年，想說忍著忍著就過去了，卻發現忍久只會內傷，關係只會越來越疏遠。經過這三年多來，建設性行動的點點滴滴累積，我爸媽的態度也鬆動、軟化了。

如果你和親人也時常反覆拉扯同樣的事，你渴望做出些改變，父母一開始不接受在所難免，甚至可能升起風雨欲來的高壓氣氛。只要你開始建立正確的觀念，**被反對是正常的**，不被反對才奇怪。一點一滴地去翹動親人的固執，用溫和的態度堅持下去，就會看到變化。

近來我工作更心無旁鶩，就是這些年跟父母好好表達，讓他們明白、持續調整及內化的結果。當然，不是一表達就有效。而是**創造一個空間，讓彼此能夠更**

了解對方，容許試錯，累積每一個當下行動的微小成果，逐漸修正到彼此都能夠接受。

你今生的重要關係人，都是助緣人

越親近的人，往往越難拒絕，可能是父母，也可能是伴侶及兒女。然而如果你做到了，在提升內心強度的道路上，效果就會加乘更多倍。例如我很受不了有人傳來言不及義的訊息、不直接說重點，即使此人是前男友，我也頂多按讚示意，已讀不回。因為越來越體認到自己的生命寶貴，沒有閒到有多餘的時間及心力去曖昧、去揣摩對方的心意，這類生命經驗前半生反覆上演，體驗夠多了。寧願把時間用來學習及工作，把重要的心靈觀念分享出去，幫助更多有需要的人。這也是近年，我聽了楊定一博士讀書會〈失落，是最大的恩典〉的感悟。

九年前婚變帶來的重創與失落，讓我逐漸明白這是生命的恩典，因為它讓我終於醒來，真正了解自己的天賦與特質，開始分享，而不是渴望著下一段戀情，重複一段又一段的關係，以為這是我今生的意義及目的。

經典皮克斯動畫《可可夜總會》的金句之一：「全世界只會要我們遵守規則，但我必須跟隨我的心。」捫心自問，**你真的有跟隨你的心嗎？當下所做的事、答應的事都是你發自內心的決定嗎？**

如果你時常在關係裡感到窒息，想要爭取自由，那麼此時此刻你所做出的每一個決定有沒有跟隨自己的心？能夠勇敢地表達、溫和地堅持，讓對方更理解你，你也能從中摸索、找出更適合彼此的相處方式。你會發現，往往帶給你最大阻力、帶給你最多挑戰的，都是你今生的重要關係人，即關係最親近的人。

重要關係人都是助緣人，他們幫你照見心中的各種課題，譬如沒有做自己的勇氣、想要依賴對方而無法自主、獨立的傾向等。一旦你克服了今生的「大魔王」，接下來還有什麼好畏懼的呢？

最後我想起我曾讀到矽谷傳奇創投家暨連續創業家納瓦爾的人生智慧，《快樂實現自主富有》（新版書名《納瓦爾寶典》）提到的四大自由，那就是：

免於被期望的自由

免於憤怒的自由

免於受雇的自由

免於想法不受控制的自由

這裡的四大自由讓我不僅心弦一震，更是深深喜愛到立刻抄寫在筆記本上。所有內心強度高的人，幾乎都擁有這四種自由；而渴望自己內心強大的人，也都希望能擁有不受他人、負面情緒、雇主／公司／制度、紛亂思緒所掌控的自由。

當下就是力量，持續累積每一個當下，化為建設性的行動。你一定能從關係中的拉扯掙脫，活出你今生的自由。

結語

天命自帶天賦，天賦具有責任，你必須卯起來用

來到人間這一遭，到底是為了什麼？當你開始走向內在世界的探索，一定會出現這個困惑，也回應了近年興起的躺平概念，許多年輕人因為大環境的困難，像是產業低薪困境、長照時代來臨、親密關係更難建立、AI發展提前發生及加劇的各種問題……讓富者愈富，貧者愈貧，讓人感嘆即使再上進也沒有翻身的機會，那又何須上進的無聲悲鳴。

首先，躺平其實很無聊。如果你已經過勞，確實需要心理及生理上的休息，那麼適時、適度地躺平當然好，那是來自心靈的訊號，提醒你該放慢腳步，休息一下。然而，**休息不是為了更多的休息；休息夠了就要出發**。你可以試著觀察，長時間玩樂後，是不是總有一股說不上來的空虛感；週末睡了一整個上午也沒有

真正休息到……這都是關鍵的指標。

如果你能夠找到你的天命，或是越來越靠近你的天命，那麼你每天都巴不得睡醒，去做這些屬於你今生該做的事，不只是去做之前感到期待，進行的過程中也會充滿動力，不需要有人三番兩次地催促，你才願意執行。即使過程中勞心勞神，身體疲累（畢竟我們都具有肉身，這是合理的現象、自然的反應）也會覺得辛苦是值得的，簡言之，你心甘情願。

那麼大哉問就來了，到底要怎麼找到天命呢？

天命現形

我想起世界上第一個指數型基金發明人、美國先鋒集團（Vanguard Group）創辦人約翰．伯格（John C. Bogle）在《夠了》提到：「人生重要的，是膽識與奉獻；具備這樣的特質，天命也會降臨。」回想起我遭遇婚變，人生最低潮的時期，曾經飄過一個念頭，如今憶起真是不可思議。那就是如果我能熬過來，一定要幫助所有跟我一樣面臨相似苦難的人。沒想到如同預言，幾年後我寫出好幾本書，甚至是直接相關的書來撫慰、支持與鼓勵所有受苦的人。這就是膽識與奉獻，勇敢地把自己血淋淋的生命故事剝開來的膽識、願意為了那些跟自己素昧平生的人奉獻的精神，果然天命開始現形。

如果把膽識、奉獻進一步剖析，那麼……

膽識＝勇氣＋見識＋智慧。

奉獻＝利他＋執行力。

十多年的心理治療生涯，讓我看到行動能構成內心的強度。內心強度夠，才敢放手一搏、有勇氣去嘗試，進而帶來更多的見識，淬鍊出更深的智慧，更加明白天命在哪裡，善用你的天賦去實現今生的最高價值，活出你的最好可能。內心強度不夠，往往只能隨波逐流，別人怎麼說，你就怎麼做，不敢傾聽自己的心聲去選擇，也不敢發揮自己的天賦，身邊一旦有聲浪反對你、不看好就退卻了。

全力以赴，天賦必須卯起來使用

發現自己的天賦後，就可以翹著二郎腿了嗎？不。你得全力以赴，卯起來使用。

發現天賦，並不等於立刻找到天命。因為每個人的天賦與特質可以產生各種不同的組合，也有各自的生命機緣，綜合成一條你與眾人不同的天命之路。

其次，卯起來使用，才有可能讓一個人脫穎而出。會唱歌、會演戲、會投球、會寫作、會烹飪、會插花……的人很多，但是能夠做出一番成就，做得樂此不疲，還能夠成為一生志業、今生使命的人可就不多了。

唯有卯起來使用，你才能越來越明白，這是不是你真心喜歡、想過的人生；唯有卯起來做，你的能力才會不斷提升，同時被更多人看見，帶來更多的合作邀請與機會，生命格局也會越來越開闊，這就是「持續行動」的真諦。你會看到，那些能夠找到天命的，都是卯起來使用天賦、風雨無阻、假日無休的人。

天命自帶天賦，天賦具有責任

找到天命並非一朝一夕，沒那麼容易，但也沒有你想像得這麼困難。因為天命有線索，線索就是你與生俱來的天賦與特質。既然每個人都是獨一無二，換言之，每個人的天命、天賦都不同。不是每個人的天命都如此壯闊，都要當總統，所以也無須比較，找到自己的天命就好。

發現天賦、認出天命兩者之間的關係，沒有絕對的順序可言。我的經驗是**持續整合天賦**，逐漸看清楚今生藍圖的輪廓。當我益發體會到自己有寫作、演說的天賦，那麼寫作、演說就是我實現天命的工具，把所知、所學透過寫作、演說等方式無遠弗屆地分享出去，這就是**天命自帶天賦，你所需要的一切，早已經搭載好、配備好了**。

認出天命就好比拼一張不知道主題的拼圖，你唯有持續地拼，直到整張拼完了，才越來越知道手上的拼圖主題是阿拉丁神燈還是白雪公主。換言之，**尋找天命是一個修正、調整、趨近的過程**，你必須用一生不斷地探索、讓天命越來越明朗，很難在年紀輕輕時就能拍板定案，從此無須轉變。

好比大前研一在《旅行與人生的奧義》提到他年輕時為了成為原子力工學的技術人員，投入九年時間認真學習，甚至還取得了工學博士的學位，卻在後來放棄，毅然決然地把過去的自己歸零，一整個人生大轉彎，轉向去麥坎錫工作，走上企管之道，從此成為國際知名趨勢大師，在經濟、商業及企業管理上享有盛名。

尋找天命是一個修正、調整、趨近的過程

了解自己的天賦、越來越明白天命的輪廓後，現在的我每天都很忙，但忙得不亦樂乎。這裡的「忙」不是心＋亡，心的死亡，而是充實快樂地活。三十二歲以前總是期待人事行政局行事曆上的紅字，對於能夠放假哪怕是颱風假都感到欣喜……如今卻是截然不同的心境，從被動轉為主動，從漩渦的邊緣來到漩渦的中心。試想，上天平白無故給你這些天賦幹嘛呢？說到最底，就是用來利他，執行

大我的心願，這就是**天賦具有責任**。

為什麼說到最底，就是利他？因為**唯有利他，是沒有止盡的**，是你可以終其一生做下去的，不會在完成之後悵然若失；還有其他有需要的人、其他能利他的項目等著你。而最好的利他，就是「給他魚吃，不如教他釣魚」。這是我寫書、演講的用意，與其反覆為個案及讀者療傷，不如讓所有人都能學會自救，進而自立，最好還能自強。更多自強的人，眾人集結起來的力量，足以建國及撼動山河。

內心強度足夠，才能活得好命；

內心強度足夠，才能活出天命；

活得好命、活出天命，內心強度也會更加提升。

這是互為因果、相互促進及加乘的過程。

前年有緣到捷思整合行銷創辦人兼執行長唐源駿（我稱他為凱哥）的Podcast《人生善敗學》進行對談，隨後凱哥送給我《成就的秘訣：金剛經》。當我讀到星雲大師的其中一段話「用出世的精神，做入世的事業」，瞬間眼眶泛紅。回首這四十一年來的人生，跟爸媽的關係從水火不容，到現在倒吃甘蔗，前夫也成了鐵粉，跟哥哥及朋友的感情一向友好，從小我的角度而言，早已今生無憾。如今支持我持續努力與精進的，就是用超脫的心，入世地做好利他的事業，去影響有影響力的人。

說來有趣，近年來不少朋友都說我是修行人，除了作息異於常人，還有大量涉獵新時代、靈性、佛學等領域，正是這些學習帶給我最大的幫助及關鍵的轉變。然而，我也開始對入世的投資、理財感到好奇，開始涉獵相關的知識，將來的我會發展成怎樣，此刻是未知數，無法定論。換言之，最終定位尚未到來，然而我卻充滿期待。

天命自帶天賦，天賦具有責任。卯起來使用天賦，你會更了解你的天命所在，會讓你活出價值，讓你充滿熱情，實現今生的最好可能。

持續行動，知行合一。我們都可以是活得好命、活出天命的人。

致謝辭

還記得我在上一本著作《療癒內疚》的首頁寫到：「謝謝來到我生命中，來過我生命中的所有人。」這段致謝辭，其實暗藏著多層寓意。不只是感謝來到我生命中善待我、目前仍保持友好互動與聯繫的人；還有傷害過我，目前已經沒有聯繫的「逆增上緣」；當然也有已經離開人間，讓我永遠想念、掛懷的人。

原本以為寫完前五本「人間苦難系列」，就不再出書了。然而後來一個近似逆增上緣的安排，讓我想到何妨來個「人生開掛系列」，這才有了《十倍放大：用心賞識自己，讓人生全面突圍》出版的機緣。

感謝圓神創辦人簡志忠先生，願意出版由我生命故事出發的書。謝謝專案企劃部經理賴真真，果真是作者的指引和明燈，幫我一再跳脫寫作時的盲點，更點出這本是我的轉型之作。感謝責編尉遲佩文細心的來回校潤、細節的諸多討論。其實最初正是佩文在二〇二三年底跟我邀請張瑜芬《改寫你的金錢心靈帳簿》推薦序時，在email裡提到，期待我有機會能到圓神出書。感謝圓神團隊的所有人，美編部門的設計、行銷部門的腦力激盪，還有行銷部主任惟儂的用心，為新書宣傳各種安排與聯繫。而我和惟儂的結緣，始於楊斯棓醫師《人生路引》二〇二〇年舉辦在渭水驛站的新書對談。

驀然回首，一切際遇都不是偶然。一個又一個看似偶然的事件，都是美好鋪陳的環節，早早就種下未來合作的緣分。每本書的誕生都要感謝這些幕後推手，不得不說，身為作者實在很幸運。

感謝我的同學，他們一直以來都是最早看到我的亮點、最挺我的一群人。像是在書中登場的幾位好友，還有國中同學人于、高中同學依玲、大學同學渝喬……都是看著我十倍放大與持續行動，不斷蛻變的見證人。

謝謝我的爸媽，他們曾經是我的內憂（笑）到如今能成為我的後盾。還有全世界最好的哥哥，他不是我今生的功課，而是我今生的第一個鐵粉，從小就看重我。這正是我的靈魂體會，**每個人都有不同的挑戰及功課，但也有與生俱來的福份，看懂這些安排，你會更熱愛你的這一生。**

感謝答應作序的推薦人：若權老師、鐘穎老師、斯棓醫師、郝旭烈郝哥，啟發我創造力、帶給我創造力知見的陳賢篤老師。邀請每一位推薦人時，若權老師即將去馬來西亞授課、斯棓醫師前往美國演講、鐘穎老師在翻譯及各種產出、郝哥主持節目及宣傳他的新書，而陳賢篤老師則是長年住在美國的企業家，平時經營公司與講解賽斯資料。這些都還只是明面上，我看得到的忙碌，生活中占據時間與心力的其他事務更是不在話下。他們每一位都是大忙人，卻在收到我的邀請時，第一時間就答應，不只是掛名或撰寫短語，而是寫長文推薦序。他們是我的貴人，是「十倍放大、持續行動」的最佳代表，也是充滿生命智慧的人。他們的推薦序，更是我私心想送給讀者的公開大彩蛋。推薦序中的字裡行間，都是充滿啟發性的細節，值得一讀再讀。

有次在專訪中，聽到劉墉老師說：「人不可一日無必死之心。」這段話讓我再次體會到每一天、每一刻的珍貴，想要更早把這本書寫出來，把今生所學公諸於世。我無法預知今生的壽命會到哪裡，但天命已若隱若現。原本打算二十年後才公開的內容，還是即早寫，不要等。

謝謝所有信任我、支持我與愛我的人。希望你們會喜歡這本傾盡全力之作，透過這本書打破人生的所有困局，也活出你的最好可能，對作者而言是最欣慰的事，也是本書的價值所在。

Eurasian Publishing Group
圓神出版事業機構
用心與你對話．視野無限寬廣
圓神出版社
Eurasian Press

www.booklife.com.tw　reader@mail.eurasian.com.tw

勵志書系 164

十倍放大：用心賞識自己，讓人生全面突圍

作　　者／洪培芸
發 行 人／簡志忠
出 版 者／圓神出版社有限公司
地　　址／臺北市南京東路四段50號6樓之1
電　　話／（02）2579-6600 · 2579-8800 · 2570-3939
傳　　真／（02）2579-0338 · 2577-3220 · 2570-3636
副 社 長／陳秋月
主　　編／賴真真
專案企畫／尉遲佩文
責任編輯／尉遲佩文
校　　對／賴真真 · 尉遲佩文
美術編輯／林韋伶
行銷企畫／陳禹伶 · 黃惟儂
印務統籌／劉鳳剛 · 高榮祥
監　　印／高榮祥
排　　版／陳采淇
經 銷 商／叩應股份有限公司
郵撥帳號／18707239
法律顧問／圓神出版事業機構法律顧問　蕭雄淋律師
印　　刷／國碩有限公司
2025年9月　初版

定價 340元　ISBN 978-986-133-985-6

「所謂的十倍放大就是你要有意識地、反覆地、加倍地去看見自己的好，去肯定自己的進步，哪怕目前只有一點點，尤其不要因爲一時的不順、暫時不如人意、有人投下反對票就去倒扣對自己的賞識與信心。」

——《十倍放大：用心賞識自己，讓人生全面突圍》

國家圖書館出版品預行編目資料

十倍放大：用心賞識自己，讓人生全面突圍／洪培芸 著.
-- 初版. -- 臺北市：圓神出版社有限公司，2025.09
272 面；14.8×20.8公分. --（勵志書系；164)）
ISBN 978-986-133-985-6（平裝）

1.CST：自我實現 2.CST：自我肯定 3.CST：生活指導

177.2 114009369